老王聊历史

先秦成语大会

王磊 著

陕西新华出版传媒集团

未 来 出 版 社

意林国学书系

图书在版编目（ＣＩＰ）数据

先秦成语大会 / 王磊著. –– 西安：未来出版社，
2018.12
（老王聊历史）
ISBN 978-7-5417-6689-3

Ⅰ.①先… Ⅱ.①王… Ⅲ.①中国历史 – 先秦时代 –
通俗读物 ②汉语 – 成语 – 通俗读物 Ⅳ.①K220.9
②H136.31–49

中国版本图书馆CIP数据核字（2018）第275780号

老王聊历史·先秦成语大会
LAOWANG LIAO LISHI·XIANQIN CHENGYU DAHUI

王磊 / 著

著　　者：王　磊		总 策 划：李桂珍　顾　平
执行策划：汪海英　杜普洲		丛书策划：唐荣跃　徐　晶
丛书统筹：赵党玲　郭妙霞　谢梦冰		责任编辑：唐荣跃
特约编辑：郭妙霞　谢梦冰		美术总监：许　歌　资　源
美术编辑：杨　倩　李雪菲　宋清莲		封面设计：资　源
绘　　图：宋清莲		技术监制：宋宏伟　刘　争
发行总监：樊　川　王俊杰		宣传营销：陈　欣

出版发行：未来出版社	地　　址：西安市丰庆路91号（710082）
电　　话：029-84288355	经　　销：全国各地新华书店
印　　刷：天津中印联印务有限公司	开　　本：700 mm × 1000 mm　1/16
印　　张：16	字　　数：220千字
版　　次：2019年1月第1版	印　　次：2019年1月第1次印刷
书　　号：ISBN 978-7-5417-6689-3	定　　价：39.00元

第 一 篇

炎黄子孙

三巨头的两次大战

一说起华夏最初的历史，总给人非常遥远的感觉，那我们不妨把这段介于传说和真实之间的历史，想象成远古时期三大巨头之间的华夏霸权争夺战。那么这三大巨头是谁呢？他们争夺霸权的结果又如何呢？

大家都知道"炎黄子孙"这个成语，炎帝和黄帝作为华夏的人文始祖，很多人会觉得他俩是好兄弟或好战友，其实这是有误区的。华夏的始祖应该是炎帝、黄帝和蚩尤组成的三巨头，而不是炎黄组成的黄金搭档；而且这三巨头的关系也并不和谐，他们之间曾经爆发过两次惨烈的大战。

相传炎帝姓姜，姓表示起源，"姜"字在甲骨文里是"羊"和"女"的组合，可以解释为一个跪坐的女子，头上戴着羊角冠，也有人把"姜"字解释为来自游牧部落的牧羊女。传说中的炎帝是牛首人身的半神，当然这个造型不太符合中国人的审美习惯，所以现在我们能看到很多炎帝的画像或雕塑，都只是脑袋上长着两只巨大的牛角而已。

另外，炎帝还有一个广为人知的身份就是神农氏——传说中的农业之神。

不过也有一种说法认为炎帝和神农氏是不同的两个人，关于这一点，历史上争论颇多，目前尚无定论，我们姑且采用两者为一人的说法。

传说中神农尝百草是为了给先民寻找可供种植的粮食作物。只是这百草里能吃的、好吃的只是少数，大多数不但不好吃，甚至根本不能吃。传说神农尝百草，日遇七十二毒，也就是一天吃一百种草，其中七十二种有毒，幸亏他偶然间发现了茶叶[1]能解毒，所以炎帝又是中药和茶叶的发现者。

除了这些，炎帝还发明耒耜[2]教人耕作。于是他的部落凭借过人的农业技术，不但解决了战斗过程中的后勤粮草问题，还学会了自行疗伤，成为攻守兼备的综合型选手。

第二位出场的选手是黄帝。

黄帝当然不姓黄，他本姓公孙，后改姓姬，"姬"字的甲骨文是一个女人跪坐梳妆的样子，这个字也是古代对妇女的美称。据此推测，黄帝应该出自一个盛产美女的部族，估计本人的颜值也很高。他又称轩辕氏，轩指的是车，辕就是拉货马车两侧的两根直木，所以黄帝也是传说中最早发明车子的人。

车子能提升物资运输能力和部族战斗力，当年两河流域的喜克索斯人就是凭借着马拉战车的威力征服了埃及。黄帝部族拥有了车子，就好比战场上有了重型坦克，绝对是碾压级别的武器。

此外，传说中黄帝还发明了轩冕制度，简单来说就是不同等级的人乘什么车子，穿什么衣裳，享受什么待遇。不要觉得这发明很普通，这样的衣冠制度

1.《神农本草经》："神农尝百草，日遇七十二毒，得茶而解之。"唐代以前并无"茶"字，"茶"本义为一种苦菜，唐以后统一写作"茶"，所以后世将发现茶叶的功劳附会在神农身上。

2.耒耜：中国古代的一种翻土农具。

是激发集体认同感和向心力的重要措施，也是加强部落管理能力的天才创造。

自此，黄帝部落的综合实力急速提升，文明程度和团队凝聚力也大大增强，周边的部落纷纷臣服。制度好，装备强，还有一大群小弟保驾护航[3]，黄帝部落可谓实力超群。

最后一位登场的选手是蚩尤。

蚩尤是上古时期九黎部落的首领。相传蚩尤面如牛首，背生双翅，他有兄弟八十一人，都吃石头吞沙子、铜脑袋铁额头，力大无穷，刀枪不入[4]，听起来就像一群哥斯拉。

其实蚩尤部落独特的文明优势是金属冶炼技术[5]。所谓吃石头吞沙子，仔细推敲，是不是像冶炼矿石的场景？冶炼需要搭建窑炉、采挖和运输矿石，于是在外人看来这个部落的人成天往家里运一堆堆的沙土石块，就容易脑补出他们吃石头吞沙子的场景。而关于铜脑袋铁额头、刀枪不入，我们再想想，像不像是在战场上装备了坚固护具的敢死队？

也就是说当炎黄部落还在用石头互砸的时候，蚩尤部落可能已经实现了武器装备的金属化。这样的一支部队在当时怎么能不让人闻风丧胆？

三巨头的羽翼都逐渐壮大，那么他们之间的战争肯定是不可避免的了，我们从现存资料中可以了解到的，最著名的就是两次大战：炎帝和黄帝之间的阪泉之战，以及炎黄联盟打败蚩尤的涿鹿之战[6]。

3.《列子·黄帝》："黄帝与炎帝战于阪泉之野，帅熊、罴、狼、豹、貙、虎为前驱，雕、鹖、鹰、鸢为旗帜，此以力使禽兽者也。"

4.《太平御览》："蚩尤兄弟八十一人，并兽身人语，铜头铁额，食沙石子。"

5.《世本·作篇》。

6.关于阪泉之战和涿鹿之战的顺序有争议，本书采用《史记·五帝本纪》的说法。

阪泉之战其实是新崛起的黄帝部落同往日霸主炎帝部落的争霸战。传说炎黄带领各自的部族和同盟军在阪泉之野大战三场，听起来应该非常激烈，但史籍中所记载的战争过程却出奇的和谐温柔。

据说炎帝带着人在营地里一蹲就是三年，因为农业技术发达，后勤保障充足，所以消耗战反而有利。而黄帝就在营地外面搞军训，也是一训就训了三年。炎帝部落的人蹲在一旁看军事表演，边吃边看，后来都看麻木了。没想到有一天，黄帝的军队突然从挖好的地道，冲入城内活捉了炎帝。事情发展得太突然，炎帝猝不及防就变成了黄帝的俘虏。

不过黄帝虽然打败了炎帝，却没有赶尽杀绝，毕竟也算是一家人（《国语》中说他们都是少典的儿子），于是两个部落开始走向联合。但是还没等炎帝部落习惯被人领导，又一个打击接踵而来，蚩尤打过来了。

据说蚩尤原是炎帝的下属，所以他和炎帝一样都是粗犷的牛头人身造型。蚩尤进攻原来的老大炎帝，金属化的武器一上场，战斗过程就如同砍瓜切菜一般。顶不住的炎帝只好向黄帝求救，接下来就是炎黄组队和蚩尤在涿鹿展开大战。

战斗的过程异常激烈。蚩尤部落的装备优势明显，炎黄联军则人多力量大。

传说除了当面互砍之外，双方还掌握了不少充满想象力的神器。比如能改变战场环境的"气象武器"，传说中蚩尤请出风伯雨师召唤狂风暴雨，想要用滔滔巨浪把炎黄联军一冲而散，而黄帝就找来天女魃抗洪抢险。

战斗进行到最关键的阶段，蚩尤吐出迷雾笼罩整个战场，打算把联军困死其中，因为就算神农氏粮仓充足，粮食也总有吃完的一天。

这场大雾笼罩了战场三天三夜，结果黄帝发明了指南车，最终辨明方向，突出重围。这迷雾日夜不散，不像气象武器的副产品，反而有点像冶炼工业所带来的空气污染。结合蚩尤部落冶炼金属的传说，他们能创造出如此浓密的烟雾倒也合乎逻辑。

双方你来我往，黄帝九战九败，最后是靠着神女的帮助才终于获胜。传说黄帝将打败的蚩尤戴上枷栲，砍下他的头颅，把他的身体和首级分开埋葬。蚩尤死后，他身上的枷栲落在地上，变成了一种树，每到秋季就叶红似血，每一片叶子都是蚩尤的血所染成，这种树就是枫树。

获胜之后，黄帝成了真正的天下之主，蚩尤部落大部分融入炎黄集团，少部分南下成为南方黎族、苗族的祖先，我们总说的黎民百姓，黎民就是九黎氏族之民。

因此所谓华夏民族，其实应该是炎帝、黄帝和蚩尤三个部族融合的产物。

后来黄帝尊蚩尤为"兵主"，即战争之神。按照《史记·封禅书》所记载，古代君主封禅时要祭祀八个神主，第一是天主，第二是地主，第三是兵主——祭祀的就是蚩尤；而古代华夏的军旗上，画的也是蚩尤的画像。所以长期以来，蚩尤和黄帝、炎帝一样，都被视作华夏的始祖，是个非常正面的形象。

蚩尤旗

　　传说中黄帝把蚩尤的形象画在战旗上以震慑敌军，这就是蚩尤旗。但大多数时候，蚩尤旗指的是一种彗星。

　　《晋书·天文志》记载："蚩尤旗，类彗而后曲，象旗。"注释中提到这是一种专属于"荧惑"的妖星，代表战争和杀戮的降临。荧惑，即火星，古巴比伦认为它是死亡之星，古罗马神话中火星就是战争之神玛尔斯。

　　可见人类的思维的确是相通的。

第 二 篇

鬼哭粟飞

一字一乾坤

我们都知道文明要延续，重要的载体就是语言和文字。传说华夏文字诞生的过程，就是一个充满神秘色彩的故事，跟这个故事有关的成语是"鬼哭粟飞"。

乍一看，是不是有种狗血恐怖片的画面感？其实这个成语典故出自《淮南子·本经训》："昔者仓颉作书而天雨粟，鬼夜哭。"翻译过来就是仓颉造字成功的那天，漫天降下小米雨，鬼怪在夜间号哭。奇怪了！仓颉造字是华夏文明史上的大事，怎么会有这么多灵异现象呢？这个还得从头说起。

黄帝战胜蚩尤后，成为天下之主。但是随着部族的壮大，事务变得越来越庞杂，需要记录的东西也越来越多，比如谁在战斗中表现英勇、哪里能找到好吃的、临近的部落发生交流和冲突了……这些都要记录和记载。在文字发明之前，古人只能在绳子上打结，在木头上刻画纹路来记录信息，就是"结绳记事，契木为文"。想查查哪年有大事，先拿来绳子一看，结挨着结，扣套着扣，就跟揣在裤兜里一个月，接着在洗衣机里洗了一遍之后再拿出来的耳机线一样，能告诉我们什么呢？再看契刻的木板，上面密密麻麻的划痕，看得人密集恐惧症都要发作了。

作为上古大发明家的黄帝对这个问题也一筹莫展，所以决定把这么烧脑的工作交给自己的手下——仓颉。

当然，文字的创造应该是无数人长时间共同努力的成果，只不过仓颉也许是其中贡献最大的那个人，所以他被称为"造字圣人"。后世也给他添加了许多神秘色彩。汉朝后，已从"仓颉造字"发展为"仓颉四目"，开始神化仓颉，甚至有仓颉是"黄帝的史官"的传说 [1]。要知道黄帝是原始社会后期部落联盟的首领，当时并没有完善的国家机器和政府机构，哪来"史官"之说？

现在全国各地都有仓颉庙，很多仓颉像都画了四只眼睛，或者一只眼睛里有两颗黑眼珠。"仓颉四目"是指"重瞳"，应该是一颗眼珠里有两个瞳孔。古代相术认为重瞳是一种异相、吉相，象征着吉利和富贵，往往是帝王的象征，至少也是个拥有特异功能的特殊人才，所以除了仓颉之外，像舜、项羽、李煜等人都是这个造型。

但现代医学认为这种情况属于瞳孔粘连畸变或者虹膜发生粘连，是白内障的前兆。而那个疑似早期白内障患者仓颉，接到了这个大开脑洞的任务也很头痛。据说有一天，他走到一个岔路口，看到三个老人在争论，一个说往东走去追羚羊，一个说往北走去追鹿群，一个说往西走去追老虎。仓颉就很奇怪，这三个老人是怎么知道哪条路上有什么猎物呢？一问才明白，原来他们都是根据野兽留在地上的脚印判断的。这件事给了他灵感，既然一个脚印能代表一种野兽，我是不是也可以用一个图画或符号来表示一种东西呢？

于是仓颉迅速转型成一个灵魂画手，开始了以图表意的造字过程。

1.《论衡》："仓颉四目，为黄帝史。"

所谓"字之初，本为画"。

最早的汉字，是用图画和线条来描述眼前的世界。比如，日字画成一个充盈的圆圈，中间还有一个黑点，连太阳黑子都画上。月字画成弯弯月牙的样子，牛字画一个牛头的形象，水字也画成水波的线条……这就是最早的象形文字。在表达一些具象的事物上，象形文字可以说非常有画面感。同样也能表达画面之外的意思，比如日和月放在一起就是明，因为太阳是发光的，月亮在古人眼里也是发光的，把太阳和月亮放在一起，让人一下子就有了光明的感觉；而且明字又可以引申为"今之次"，就是明天的意思，毕竟一个人看过一次太阳再看过一次月亮，就经历了一个白天和一个夜晚，这可不就是完整的一天么。

当文字出现之后，古人相信文字是有魔力的，现代考古发掘和研究证明，目前出土的甲骨文中许多内容都和占卜有关。比如，商王做了一个梦，要找占卜师解一解什么预示；出门一抬头看见一只乌鸦，要占卜一下什么兆头；部落明天要出门打猎，得预测一下有没有好收成；旁边的部族不听话，准备带着弟兄们去削他，先算一算是吉是凶……大到衣食住行，小到吃喝拉撒，都得先问问鬼神再做决定。

掌握了和鬼神沟通的方法，当然不能总是用在这些琐碎的事情上，有时候他们还会用文字的魔力来控制周边的小部族。当时商部落对待周边的小部落，就是齐头并进两手抓，一手是武力威胁，一手是精神恐吓。所以商文化总是弥漫着一股神秘的气息。

后来周人在青铜器上篆刻文字，记录的内容也变成了：某年某月举行了什么活动，和朋友在一起游猎聚会好开心，或者是某年某月跟老大出去打仗，取得了多大的功劳[2]……时间准确，内容简洁，一条一条仿佛发微博似的，而这些记录也成为我们今天研究历史的重要资料。

到了战国七雄争霸时期，每个国家的文字都不一样，每个地方的口音也不一样，你写的我不认识，我说的你听不懂，出国走一圈能把人逼疯。小时候在赵国当过好几年人质的秦始皇，估计深受其害，所以统一六国后就把那些乱七八糟的六国文字统统废掉，从此都用秦国的文字，谁不听话就砍谁的脑袋，这就是"书同文"的秦小篆。

之后隶书、楷书、行书、草书陆续出现，文字除了记录和传递信息的实用性功能之外，又成为一种审美情趣，造就了中国的书法艺术。

但汉字也遭遇过生存危机。20世纪80年代，计算机进入中国。但这毕竟是外国人发明的，其整个操作系统和编程的构建都以字母为基础，甚至输入系统都和汉字不兼容，于是又有人提出了汉字的拼音化。这里必须感谢被称为"中文电脑之父"的朱邦复先生，他创造出了一种实用的中文输入法，也叫"仓颉输入法"。他通过放弃专利权，来推广这种输入法，这才解决了今天我们广大网民朋友在线沟通的需求，当然想要用汉字来完成编程在今天仍然很难做到。

世界上任何一种文字，都不存在绝对的完美和落后。

而汉字的缺点主要是：入门难，歧义多，读音断。一个汉字有多种读音，表达不同的意思，汉字的词语和句子之间，哪怕文本部分不变，只要说话的口气、重读、停顿，甚至是谈话气氛一改变，表达的意思都可能是截然相反的。

但是汉字也有独特的优势：信息密度大，思维速度快，未来潜力强。

2.《利簋铭》："武王征商，唯甲子朝，岁鼎，克昏夙有商，辛未，王在阑师，赐有事利金，用作檀公宝尊彝。"

正是因为一字多义，所以信息密度大。使用汉字的人思维速度更快，这是因为汉字具有突出的单音节特点，即一个字符一个音节，不但使汉字读起来行云流水，听起来金声玉振，还让使用汉字的人在相同时间内用相同的节奏和语速可以表达更多的意思。这就是汉字高效的一面。

未来，汉字在人类的发展史上潜力巨大！

信息继续大爆炸的时代，汉字强大的组词能力完全可以适应，人们只需要掌握三千五百多个常用汉字，然后通过组词就可以指代无穷多的新信息，而不必像拼音文字，每次遇到新事物就造一个全新发音的新词出来。

我们有理由坚信，汉字既是最有历史传承的文字，又是最有希望和活力的文字。

仓颉的"错别字"

有人说仓颉造的字里也有错别字。比如，你看"重"是千里之外，"出"是两山相叠，这不正好反了吗？

其实这完全是不了解汉字的造字法和演变历史造成的误解。"出"字在甲骨文里上面是一只脚，下面是表示门口的曲线，本身就是表示出去的一个会意字。"重"字也是会意字，表示人背的东西很重。

汉字的历史源远流长，演变的过程也非常复杂，所以不能用现代简体字的标准去望文生义。

第 三 篇

红颜祸水

亡国的锅妾不背

中国古代讲究"为尊者讳，为亲者讳"[1]，也就是说凡是尊者、贤者、亲者的耻辱、过失、不足，都最好别说。可是这问题出了、娄子捅了、乱子搞出来了，总得总结一下经验教训，探讨一下失败的原因。所以史书上就经常出现一种亡国套路，那就是男人犯的错，要女人来背锅。

与之相关的一个成语就是"红颜祸水"。要说红颜祸水的始祖级人物，就得从夏朝的妹喜和商朝的妲己算起。

俗话说一个巴掌拍不响，一个顶级的"祸水"必须要配一个极品的君王，才能组成祸国殃民的最佳拍档。所以妹喜和夏桀组成了"酒池肉林队"，妲己和纣王配对为"炮烙挖心队"，究竟哪一对选手才是终极昏君奸妃的黄金搭档呢？

首先我们来介绍一下自称太阳的上古大力士夏桀和史上第一位亡国女主角妹喜组成的酒池肉林队。

夏桀，本姓姒，名癸，桀是后人给他的谥号，表示凶残狂暴的意思。听听

1.《春秋公羊传·闵公元年》。

这个谥号用的字，就知道后世对他的评价有多糟糕。

传说夏桀力大无穷，能赤手空拳把弯曲的铁钩掰直[2]，智慧和胆识过人，曾经潜入水中征服蛟龙，赤手空拳与老虎搏斗，这身手放到漫威宇宙里也算是超级英雄了。但可惜夏桀有超级英雄的身手，却没有超级英雄的德行。

他为人残暴，对内横征暴敛，对外东征西讨。在今天的山东滕州附近有一个部落叫有施氏，不满夏桀的统治起兵反抗，结果失败了。有施氏为求和献上奇珍异宝与头号美女妹喜，这也是古代结束战争的典型套路，前方的汉子顶不住了，就献上后方的妹子求和。

夏桀得到妹喜之后，祸国殃民的水平飞速提升。

传说妹喜有三大爱好，第一是女扮男装，在当时应该是挺非主流的爱好，不过也不算罪大恶极。

第二是看别人喝酒。妹喜要看的不是一般的喝酒场面，而要看的是几千人同时在装满酒的、巨大到能划船的池子里喝酒，喝醉后直接淹死在池子里[3]。

第三，妹喜似乎是个特别害怕寂寞的妹子，她的日常生活不能太安静，一定要有点声音。这个也不算大问题，一般人在家收拾卫生的时候也喜欢开着电视或音乐听个声，不过妹喜要听的不是一般的声音，而是丝帛被撕碎时的声音[4]。

只能说贫穷限制了我们的想象力，因为后面这两个爱好实在是太费钱了！

要知道中国古代是用粮食来酿造酒的。最早的酒类似于今天南方人喝的黄酒和米酒，据李时珍《本草纲目》载，元代以后蒸馏工艺出现，才有了我们今

2. 晋·皇甫谧《帝王世纪》："帝桀淫虐有才，力能伸钩索铁，手搏熊虎。"
3. 《列女传》："（桀）为酒池可以运舟，醉而溺死者，妹喜笑之以为乐。"
4. 《帝王世纪》："妹喜好闻裂缯之声而笑，桀为发缯裂之，以顺适其意。"

天常喝的白酒。按现在的酿造工艺来说，一百斤粮食能酿出大约二十斤米酒，再考虑酒本身的挥发性，那么大一个池子的酒，得需要多少粮食才能够满足呢？

而丝帛的珍贵性就更不用说了，就想象一下每天都有一个人在你旁边撕钱给你当伴奏，这得有多土豪？

有一种说法是，妹喜和商部落的重臣伊尹之间有约定[5]，双方约定好里应外合搞垮夏王朝。如果妹喜真的是敌方派来的间谍，倒是可以解释这种极度消耗国力的爱好到底是怎么来的。

当时的夏朝内外交困，民不聊生，有大臣劝谏夏桀不要奢侈浪费，夏桀却说："百姓就是月亮，我才是太阳，月亮还没死绝呢，哪有太阳灭亡的道理？"如此招人恨的台词传到民间，夏朝的百姓恨得每天对着太阳骂："你说你这个死太阳什么时候玩完，我宁可跟你同归于尽！"

若还有大臣出来劝谏，夏桀和妹喜就当场把他杀死，从此之后再也没人敢说话了，后来商汤起兵伐夏，夏桀和妹喜被放逐而死。

等一下，喝酒的大池子？残杀直言进谏的忠臣？熟悉《封神演义》的同学们可能会问，是不是拿错剧本了？这剧情明明是纣王和妲己组合的桥段啊！没错，夏桀和商纣就像是两个相隔了五百多年的孪生兄弟。

夏桀，屠龙灭虎，智商超群；商纣王，手格猛兽，才智过人。两个人都文武双全，所作所为也雷同。夏桀杀掉了提意见的大臣关龙逄，商纣直接把劝谏的亲叔叔比干剖腹挖心。夏桀宠爱妹喜，兴建倾宫，酒池肉林[6]；商纣宠爱妲己，

5.《国语》："昔夏桀伐有施，有施人以妹喜女焉，妹喜有宠，于是乎与伊尹比而亡夏。"

6.《通鉴外纪》："桀作瑶台，罢民力，殚民财。为酒池糟堤，纵靡靡之乐，一鼓而牛饮者三千人。"

搭建鹿台，也是酒池肉林[7]。

而两位祸水红颜的背景也非常相似，妹喜是夏桀攻打有施氏时抢来的，姐己是纣王攻打有苏氏时抢来的；妹喜在传说中是伊尹派来的女间谍，姐己在《封神演义》里是女娲娘娘派来的狐狸精。同样的套路，同样一起作死败家的狗血剧情。虽然修昔底德说过，历史会不断重演，不过这重演的剧情也太巧合了吧！

那真相应该是怎样的呢？

首先，大多数人脑海中的纣王和姐己，其实是一种文学印象。文艺和历史有距离很正常，那么商纣王在史学界的负面形象又是怎么树立起来的呢？

周武王伐纣前的誓词《牧誓》，提到商纣王的六大罪状，包括酗酒、不用旧臣、重用小人、听信妇言、信有命在天、不留心祭祀。并没有什么酒池肉林、炮烙剜心的东西，但到了战国时期，纣王的罪行就增加了：熊掌没做熟就把厨子杀了[8]，用象牙的筷子炫富，设炮烙搞人肉烧烤，二十四小时不限量畅饮买醉[9]，剖开孕妇的肚子看小孩的性别，挖出比干的心看有几窍[10]，等等。

到司马迁写《史记》的西汉，商纣王的负面形象已经是史学界的共识，其身上的罪名也不断涌现。因为历代文人墨客在写文章时，各种比喻、说明都绕不过"桀纣盗跖"这些反面典型，就跟破窗理论一样，越是招人骂也越是有人骂，各种黑锅脏水不断地往纣王身上招呼，他和姐己身上的罪名变得越来越多。甚至有些桥段直接复制自夏桀和妹喜，导致今天很多人对这两位古代暴君的"光

7.《史记·殷本纪》："（纣）以酒为池，县（悬）肉为林，使男女裸相逐其间，为长夜之饮。"

8.《御览》引《缠子》。

9.《韩非子》。

10.《吕氏春秋》。

辉事迹"都傻傻分不清楚。而拜《封神演义》所赐，商纣王的这种负面形象以一种群众喜闻乐见的方式扩散到民间。

实际上，在纣王的父亲帝乙时期，商朝与周人之间就已经兵戎相见[11]。纣王的结局虽然是自焚鹿台，但他在位期间，曾派兵远征东南，将山东、淮河流域都纳入了文明的版图；还一度把周武王的爹——周文王扣在手里多年。所以，历史上的商纣王并不是只有荒淫无度的一面。

如果纣王身上没有那么多脏水，那妲己更谈不上是什么祸水了。当时的商朝在纣王东征之后，已经被周人拿下三分之二的国土，虽收服东南，但主力军长年远征在外，国力早被战争掏空；至于夏桀和妹喜，在夏桀即位的时候，其实夏王朝已经是内忧外患，风雨飘摇，根据《史记》记载，当时诸侯离心，民怨沸腾，国力也已经衰微。

这两个王朝的覆灭，真的是一个女人就能左右的吗？在父权和夫权主宰的古代，一个女子又能对国家的兴亡负多大的责任呢？

历史的答案从来不是唯一的，而更多的真相需要我们拨开迷雾去寻找。

11.《太平御览·卷八十三·皇王部八》引《竹书纪年》曰："帝乙处殷二年，周人伐商。"

欧洲也有红颜祸水

　　按照荷马的记载，当周武王于公元前11世纪带着一群正义的小伙伴去讨伐邪恶的纣王和狐媚的妲己之前，在大陆的另一边，迈锡尼国王阿伽门农带着古希腊各城邦的联军于公元前12世纪打响了特洛伊战争，誓要夺回被特洛伊王子帕里斯拐走的海伦。两个史上著名的红颜前后出现在东西方，不得不说是历史的巧合了。

第 四 篇

千金一笑

周幽王的烟火真人秀

先秦成语大会

有个成语叫"千金一笑"，这可能是史上代价最高昂的一笑了，与之相关的典故就是历史上著名的"烽火戏诸侯"，这是一个先秦版"狼来了"的寓言，一个花样作死逗人笑，结果作大发了，反惹出一起含笑九泉的悲惨故事。该典故出自《史记·周本纪》，说的是先秦最有娱乐精神的文艺青年周幽王姬宫涅。

古代谥法中，"壅遏不通曰幽，动静乱常曰幽，早孤有位曰幽，早孤陨位曰幽"。可见"幽"字在古人的语境中并没有幽默的意思，反而是表示安静[1]的意思。不过周幽王的确具备极强的幽默天赋，他竟然动用整个国家的力量搞了个史诗级烟火真人秀——烽火戏诸侯。

如此不惜血本劳师动众，只为逗自己宠爱的妃子一笑，堪称先秦时期最闪亮的暖男，也充分证明了"秀恩爱死得快"这句至理名言。

那"烽火戏诸侯"到底是怎么回事呢？

原来周幽王当年也是个英武过人的有为青年。公元前779年，他攻打褒国，

---

1. 屈原《九章·怀沙》。

一阵暴风骤雨般的碾压操作后，褒国顶不住了，五体投地俯首称臣之余，还献上了一个叫褒姒的美丽姑娘，"褒姒"两个字的意思是来自褒国姓姒的女子，这并不是她的名字。

周幽王得到褒姒后，对她很是宠爱。一年后，褒姒生下儿子伯服。周幽王对这对母子宠溺得一塌糊涂，一激动就决定让原来的王后和太子滚蛋，改立褒姒为王后，立伯服为太子，从此一家三口幸福快乐地生活在一起，永远都不再分开。

但这个小目标好像实现起来有点儿困难。因为褒姒有一个很奇怪的特点，就是从来不笑。不知是笑点高出天际，还是面部肌肉僵硬。别人的脸都是动图，只有她的脸像静态的屏保桌面，堪称冰山冷美人界的无冕之王。周幽王无法容忍以堂堂天子之尊、君临天下之能，竟然连让自己心爱的女人笑一次都做不到。

于是他给出悬赏：谁能逗笑褒姒，赏金一千。如此巨额的悬赏，吸引了无数的能人异士，每个人都使出浑身解数想逗褒姒一笑，然而一轮又一轮的表演结束，褒姒还是笑不出来。

这时候周幽王手下有个大臣叫虢石父[2]，他给周幽王想出了一个非常有奇幻色彩的馊主意，说：王后不笑是因为咱们作得不够大气，不够霸气，不够有诚意，我们应该让整个天下跟着我们一起搞笑！

周幽王说：好主意，具体怎么操作？虢石父说：当年为了防范西戎，修建了许多烽火台，现在天下太平，四周无事，闲置着也是浪费。不如大王您带着王后去骊山，咱去点烽火玩，诸侯国带兵来勤王，结果发现根本没事，到时候十几个诸侯国被咱耍得团团转，那场面多好玩啊！

2.《史记·周本纪》记载，虢石父"为人佞巧，善谀好利"。

这个馊得不能再馊的主意，深得文艺青年中二病晚期患者——周幽王的认可，于是周幽王带着一票人冲向骊山，点燃了报警的烽火。

烽火本是用来远距离传递军情信息的，按照周朝分封制的规定，诸侯有义务拱卫天子和随天子出兵作战。所以看到烽火的诸侯国都以为都城告急，便星夜兼程赶往骊山脚下，结果来了之后没看到什么军情警讯，却看到骊山上酒乐歌舞，周幽王带着褒姒和一堆王室重臣饮酒作乐，搞得这群诸侯联军一脸的莫名其妙。

然而更莫名其妙的就是，从来不会笑的褒姒，看到底下成千上万人汗流浃背满脸疑惑的样子，竟然真的开心地笑了起来。

周幽王很满足，先兑现了给虢石父的千金赏金，真是千金一笑、一笑千金，珍贵得很。为了再看到褒姒的笑，周幽王继续搞了烽火戏诸侯第二季、第三季，不断地点燃烽火，不断地戏弄诸侯。

不过就像很多综艺节目一样，后几季也越来越乏力，到后来就算是周幽王把整个骊山都点了，也没人愿意来了。

这时候故事里的另一对重要角色出场了，就是周幽王的前王后和前太子。这对可怜的母子被废了之后，就找到王后的娘家申国，跟国君控诉周幽王抛妻弃子的行径。

结果申侯大怒之下，联合缯侯等诸侯，还有西方的少数民族犬戎共同进攻周幽王，周幽王抵抗不住，带着老婆孩子跑到骊山去点烽火向诸侯求救。结果当然是一个人也没来，周幽王和太子伯服遭犬戎所杀，褒姒也被劫走不知所终，西周从此灭亡。诸侯拥立原太子宜臼即位，他就是东周的第一位王——周平王。

就像《诗经·正月》里所说的那样，"赫赫宗周，褒姒灭之"，因为一个笑点奇特的女子，就导致了一个王朝的毁灭，但历史真的是这样吗？

我们回过头来再看这个故事，前半段是花式作死秀恩爱，后半段是谎话说多了终于遭报应，虽然这个典故出自《史记》，执笔者更是大神司马迁，不过仔细想想，"烽火戏诸侯"这个故事的逻辑和细节，还是存在很多疑点的。

首先，史学界有一种说法认为烽火台用于传递军情最早出现在战国到西汉时期[3]，而周幽王所处的是西周末期。我们今天看到明长城上的烽火台，彼此大概相距五里，这应该是在无数次的实践经验中总结出来的最经济也最有效的间距，而周幽王时从最近的诸侯国郑国到西周都城镐京，距离大约三百里，即便不考虑地形起伏，想要修建一整套从首都辐射四方诸侯国的烽火报警系统，从成本上来说也是非常惊人的。《吕氏春秋》把这个故事里的点烽火情节换成了敲鼓，看起来好像可行性高了一点，不过传递信息的有效性则更差，鼓声能传递的距离才多远？

其次，就算有方法通知到各诸侯国，但是先秦时期并没有常备军，也就是不存在职业军人。各国的战斗部队都是由各级的贵族和领地内的农民临时组成的。这些人分散在各国境内的不同角落，临时的紧急征召也不会是短时间内能够完成的事。而且各诸侯国接到告警的信息有先后，距离集结的地点有远近，行军的路程有难易，所以十几个国家的军队同时赶到骊山脚下的场景根本不可能出现。

最后，这个故事中逻辑最讲不通、情节最诡异的就是，"烽火戏诸侯"这件事究竟有什么可笑的呢？大家想象一下，每天上下班早晚高峰的路上，挤地铁换乘的时候，会有人在站台上看着乌泱泱挤成一团的人群，露出谜之微笑吗？

3. 钱穆《国史大纲》："举烽传警，乃汉人备匈奴事耳。"

连一代大师钱穆先生都在《国史大纲》一书中发出过这样的灵魂拷问：褒姒你到底觉得哪里好笑呢？

那真相究竟是如何的呢？

2008 年，清华大学整理出一批战国竹简[4]，对"烽火戏诸侯"这个故事提出了另一种解释：周幽王宠爱褒姒，废除了原来的太子宜臼这部分剧情是真的，宜臼联合申侯，暗中勾结犬戎干掉了周幽王这部分也是真的。

不过逻辑顺序则需要稍微调整一下：周幽王废长立幼之后，可能是为了保证幼子顺利即位，先下手为强，也可能是担心前太子复辟，准备斩草除根，他带兵进攻了原王后的娘家申国。结果没想到申侯勾结犬戎，让周幽王腹背受敌。周幽王战败逃亡到骊山被犬戎追上，他和太子伯服都被杀死。原太子宜臼顺利即位，犬戎掠夺财富而去，双方皆大欢喜。而整个过程中都没有"千金一笑"或"烽火戏诸侯"这件事。那么这个故事又是怎么产生，甚至成为大多数人所认可的历史的呢？这个故事的编剧到底是谁？

史书上虽没有记载，不过如果按照谁获利最多、谁嫌疑最大的原则来分析，本案最直接的受益人周平王宜臼和他背后的申侯就很值得怀疑。为了掩饰自己弑父杀弟的行为，新即位的宜臼迫切需要找到一个正当的理由。所以亲爹是多么荒唐，褒姒是多么祸国殃民，自己是多么迫不得已，"烽火戏诸侯"这个充满文学色彩和艺术加工的故事就这样诞生了。

在这个故事里，宜臼是没错的，自己的娘是没错的，出力的申侯是没错的，周幽王也是没错的，甚至野蛮愚昧只知道抢钱的犬戎都可以是没错的，那么唯一有错的，就是你这位不笑的褒姒了，这个锅只能由你来背！

4.《清华简》。

周携王是谁

　　按照《竹书纪年》的记载，当周幽王被杀后，申侯迎立原太子宜臼为周平王，但虢国的国君虢公翰却拥立了周幽王的弟弟、王子余臣为王，史称周携王。实际上当时有两个周王，一东一西并立。

　　直到公元前750年，晋文侯攻杀携王，才结束了二王并立的局面。

第 五 篇

多行不义必自毙

郑庄公的豪门恩怨

周平王东迁之后，王室衰微，地方诸侯这时候蠢蠢欲动，准备登台唱戏，中国历史自此进入了"礼崩乐坏"的春秋时期。而此时的郑国，正在上演一幕偏心母亲厚此薄彼，腹黑大哥隐忍复仇的豪门恩怨大戏。

跟这桩家族伦理案相关的成语是"多行不义必自毙"，出自《左传·隐公元年》。

三个主要人物分别是心机大哥郑庄公、偏心老妈武姜老太太，以及嚣张弟弟共叔段，也叫叔段。

郑庄公家是三代祖传的忠臣。爷爷郑桓公，作为周王室的司徒，为保卫宠妻狂魔周幽王，战死在骊山，光荣殉国。父亲郑武公，是击退犬戎的猛将，更是护送周平王东迁的功臣，所以被平王任命为王室卿士，父子两代都是周王最信任的大管家。

郑庄公姓姬名寤生，"寤"有两个意思，一是指刚睡醒。据说郑庄公他妈武姜晚上做了个噩梦，然后一醒过来发现，这孩子已经生出来了，简直没有一点点准备，也没有一丝顾虑——你就这样出现在我的被窝里。被突然袭击的武姜感到很不开心，所以特别讨厌这个儿子。"寤"的另一个意思通"牾"，指的是孩子出生时胎位不正，脚先出来，就是我们所说的逆产或难产。

如果这种情况属实，那么经历了生死折磨的武姜因此讨厌这个儿子倒也算有点合理性。所以在给这个儿子起名字时，就直接用他出生时的特点来命名，翻译过来，就是"姬噩梦"或"姬难产"。是不是觉得特别难听？父母得有多讨厌这孩子才会给亲儿子起这么个名字！

其实，先秦时期的中国人起名字没有后来人那么多讲究和寓意要求，第一眼看见什么，临时想起什么，甚至这孩子有啥特点都可以当名字，绝对的纯真自然，放飞自我。比如和姬寤生同时代的周公名字叫黑肩，春秋霸主晋文公的儿子晋成公叫黑臀，可以想象，这些名字里面有多少信息量……

不过不管怎么说，作为母亲的武姜确实不喜欢自己这个大儿子，尤其是在小儿子叔段出生后。武姜多次和丈夫提起，想要废长立幼，让小儿子继承国君之位，但都没能如愿。后来，郑武公去世，武姜讨厌的大儿子寤生继承了郑国君位，就是郑庄公。

郑庄公刚上台，心有不甘的武姜就找到大儿子，想要为小儿子挑一块最好的封地，她选中了制邑[1]这个地方。郑庄公婉言拒绝说：制邑不吉利，总打仗不说，还死过人，还是换一个地方吧！其实制邑地势险要，是兵家必争的要地，《三国演义》里"三英战吕布"的战场虎牢关就在这附近。这么重要的地方，怎么能假手于人？武姜老太太一听，转而要求将京邑[2]封给小儿子。

京邑乃郑国的大城市，城垣高大，人口众多，且物产丰富，郑庄公不好再拒绝，

---

1. 今河南省荥阳市区西北，峡窝镇上街村。
2. 今河南省郑州市荥阳东南。

只能答应。于是叔段获得了京城这块封地，因此他也被称为"京城大叔"[3]，当然这个"大叔"指的不是年纪，而是指封地在京城的那个地位显赫的弟弟的意思。武姜老太太还不满意，接着暗中鼓动小儿子去造大儿子的反，她自己准备在都城里当内应，开门带路全包办，跟大儿子玩起了无间道。

大臣祭仲看在眼里很抓狂，跟郑庄公说：臣子都邑的城墙如果超过三百丈，就会成为国家的祸害，现在京城成了共叔段的封地，这是给自己找不痛快啊！郑庄公摊摊手，说：这是母亲的要求，我有什么办法？

祭仲说：你们家老太太哪有满意的一天？还是早点下手，别让事情再恶化下去，蔓延的杂草都不好除掉，何况是你那受宠的弟弟呢！

但是庄公很淡定，说：不着急，多行不义必自毙，再等等，再等等。

后来叔段在当地招兵买马，积蓄力量，明目张胆地扩张地盘。

郑国大夫公子吕也跟郑庄公说：一个国家不能有两个中心！君上你要是想把国家让给叔段，我们这些大臣就趁早去投奔他；你要是不想让，咱们就赶紧动手吧，不然依附他的人会越来越多。

庄公还是很淡定地安抚大家：没关系，不亲不义之人，依附者越多死得越快，再等等，再等等。

叔段就这样嚣张了二十二年，臣子们就这样抓狂了二十二年，庄公也就这样淡定了二十二年。

当叔段终于积蓄好力量准备向都城进发，武姜老太太也准备好半夜爬起来给小儿子打开城门接应的时候，郑庄公瞬间做出应对，调集兵力迅速平定了这个造反的弟弟。

3.《左传·隐公元年》。

既然郑庄公一早就知道母亲对自己的怨恨，也清楚弟弟心中的野望，更有解决问题的能力，他为什么一直忍让、纵容，不先发制人呢？

那是因为郑庄公从最开始就知道，处理这种豪门恩怨，先下手为强这么简单粗暴的方式其实后患无穷，毕竟在叔段举起反叛大旗之前，所有的指控都没有确凿的证据，容易让人诟病。解决清官难断的家务事，必须占据道义和舆论的制高点。所以他放长线钓大鱼，一步步为嚣张弟弟和偏心老妈挖坑刨沟，引蛇出洞，然后以忍无可忍无须再忍的苦情面貌，加上早有准备的雷霆之力，完美地搞定了亲妈和弟弟的联合造反，名利双收，堪称厚黑界的忍者神龟、复仇界的经典案例。

平息叛乱后，隐忍多年的郑庄公为出一口恶气，将自己那个偏心的老妈放逐，并且撂下一句特别狠的话："不及黄泉，毋相见也！"

但是，他很快后悔了。

有一次大夫颍考叔觐见，郑庄公赐给他食物，颍考叔把肉都留下来，打算打包带回去孝敬母亲。

郑庄公听后非常感慨，说：我也想待奉母亲啊，可惜又不能出尔反尔。

于是颍考叔给他出了个很有创意的主意。既然说"不到黄泉不见面"，那咱们就从地面往下挖，按照农村打井的手艺，一直挖到地下水都冒出来，然后你们母子俩在里面见面就不算违背誓言了呀！

于是庄公母子在"黄泉"里相见了。庄公很高兴，口赋一句"大隧之中，其乐也融融"，武姜老太太看上去也很高兴，对赋一句"大隧之外，其乐也泄泄"，意思是在隧道内外相见都很欢乐。《左传》里非常郑重地记载了这段相见，并说"遂为母子如初"。

但是仔细想想，"母子如初"几个字信息量很大。首先，庄公也许真的思念母亲，虽然这个娘可能只生不养。但作为一个想成为霸主的男人，孝道有亏、母子失和的标签是非常致命的，所以庄公的思念，恐怕也并不单纯。郑庄公被称为"春秋小霸"，他一生百战百胜，抢过周王室的麦子，带兵射中过周王的肩膀，把周边的小国挨个削了个遍，连东面强大的齐国都做过他的小弟，可谓声名显赫。这样一个有战略眼光、精权谋、善外交的政治家，他做事永远遵循"有理、有利、有节"的原则，血缘亲情之类的从来都不是首要考虑的问题，利益和成本才是他做事的根本出发点。

　　另外，武姜老太太也真的很高兴吗？

　　"母子如初"这四个字放在一般的故事里绝对是标准的大团圆结局，可是别忘了庄公母子最初的感情是什么，是相互憎恶，彼此斗争，那"如初"这两个字背后要表达的东西，真的是细思极恐，毫无温情可言了。

古人站着生孩子

古代的产妇并不都是躺在床上生孩子，更流行站着或坐着生孩子，即竖式分娩。隋代巢元方等人撰写的《诸病源候论·妇人将产病诸候》中就记载："妇人产，有坐有卧，若坐产者，须正坐，傍人扶抱肋腰，持捉之勿使倾斜，使儿得顺其理。"

位于重庆西部大足县的南宋石刻《临产受苦恩》中，可见一妇人从后抱住孕妇的腰，前面的妇人则卷衣袖准备接生，以雕塑石刻的方式记载了这一分娩方式的存在。

第 六 篇

一箭之仇

演员的诞生

人生如戏，全靠演技。在历史的舞台上，演技同样很重要。春秋时期，就有一个关于"影帝诞生"的故事，叫"一箭之仇"，这也是一个你伤害了我，却一笑而过的故事。在这个故事里，射箭的人叫管仲，被射中的人叫小白，而被这一箭伤得最深的那个人是鲍叔牙。

管仲和鲍叔牙本是一对好兄弟。少年管鲍合伙做生意，管仲出钱少却分红多。有人看不惯说两句，鲍叔牙却说：他哪里是贪图那几个钱呢？是因为他家里太困难了需要钱，大家要体谅他！

管仲给鲍叔牙出谋划策办事，结果好几次都办砸了。有人看不惯说两句，鲍叔牙却说：他哪里是没本事？是因为时机不对，大家要体谅他！

管仲带兵打仗，冲锋的时候走最后，撤退的时候却跑最前。又有人看不惯要说两句，鲍叔牙又说：他哪里是怕死呢？他是为了留下命来侍奉老母亲，大家要体谅他！

怪不得管仲说"生我者父母，知我者鲍叔也"。这样的朋友，又有谁不想要呢？

然而，接下来的剧情就开始反转了。当时齐国发生内乱，国君被杀，而有资格继承君位的，一个是躲在鲁国的公子纠，另一个是藏在莒国的公子小白，而管仲和鲍叔牙，却恰好分别是这两位公子的老师和谋主[1]。

一场以齐国国君之位为最终奖品的赛跑就在两对师徒之间开始了。当时公子小白距离首都临淄更近，获得奖品的希望明显更大。所以管仲带人快马加鞭赶来拦截，在即墨[2]这个地方追上了正在赶路的鲍叔牙和公子小白。

管仲上前说道：公子你这是要去哪里？

公子小白回答：我回去办丧事。

管仲说：公子纠比你大，丧事有他办就行了！

潜台词如下——

管：你是打算回国抢夺君位吗？

白：当然要抢！

管：按照继承顺序根本轮不到你！

公子小白没词了，因为管仲说得并没错。

这时候，一旁的鲍叔牙却难得地雄起了一次，他说：各人有各人的事，你别多管！面对突然爆发的鲍叔牙，管仲反而有点蒙，估计是不太适应鲍叔牙突然选择不原谅的画风。于是管仲假装告辞，但在后退的时候突然向小白射出了致命的一箭！小白吐血而倒，管仲回身就跑，而我们可怜的鲍叔牙却眼睁睁地

---

1. 出谋划策的主要人物，出自《左传·襄公二十六年》。

2. 即墨，今山东省青岛市辖区。

看着这一切发生而无力阻止。

但是故事并没有到此结束，电影里的主角经常头顶光环怎么都死不掉，中枪之后总能被什么硬币、怀表、项链之类的物件挡住。而这个看起来非常假的桥段，却真实地在历史上发生了。管仲那致命的一箭射中了小白脖子上一个铜制的衣带钩，衣带钩只比一颗纽扣大一点而已。而小白的反应也是非常快，在中箭的瞬间咬破自己的舌头，假装吐血而亡骗过了管仲。什么是演员？没有彩排，没有重来，只有一次机会，演不好就没命，这才是演员！

骗过了管仲的小白和鲍叔牙星夜兼程赶回临淄，成功抢得君位，而被误导的管仲和公子纠，却还在不紧不慢地赶路，结果发现已经被公子小白捷足先登，只好又逃回了鲁国。公子小白，一个名字非常可爱的男人，就是后来的春秋霸主之一齐桓公。齐桓公上台之后做的第一件事，就是攻打鲁国，要把管仲师徒抓来杀掉。公子纠必须死，是为了消灭兄弟争位的后患，管仲必须死，是因为不忘射中带钩的前仇，憋着一口气的齐军在乾时³大败鲁国。这时候，鲍叔牙找到齐桓公说：君上，赶紧让鲁国把管仲送过来。

齐桓公说：没问题，鲍老师你看我弓箭都准备好了，非把他射成刺猬不可。

鲍叔牙说：不不不，君上，您得让管仲当官，当大官，当最大的官！

齐桓公纳闷地说：鲍老师，你忘了管仲是怎么欺负咱俩的吗？他还当着你的面射了寡人一箭，要不是寡人命大，这会儿坟头草都三尺高了！抓到管仲后当场杀了才解恨，你却让我给他大官做！鲍老师你这是病，得治啊！

鲍叔牙却说：当时是各为其主，要体谅他。如果您只是想治理齐国而已，用我倒是足够了；但如果是想要建立霸业，就得重用他，他将为您射得天下，何必在乎一个衣带钩啊！

齐桓公一想也对，管仲做对手的时候确实让人难受，但如果做队友的话，那就轮到别人难受了。所以，还能怎么办？当然是选择原谅他。

于是齐国给鲁国国君写了封信，表示公子纠是齐君的兄弟，不忍杀他，请鲁国代劳把他杀了。还特别强调公子纠的老师管仲是齐国国君最恨的仇人，务必要活着送来，让齐君亲手了结了他才解恨。如果不答应，齐国就接着打到鲁国答应为止[4]。

鲁国害怕了，只好先把公子纠杀掉，再把管仲打包装上囚车。而管仲也知道这是鲍叔牙的安排，自觉地坐上囚车，由着押送的人快马加鞭地奔向齐国。结果一进入齐国，鲍叔牙就把管仲从囚车里接出来，然后带着去见齐桓公。而齐桓公也不计较那一箭之仇，任命管仲为相，还称其为"仲父"，又任命鲍叔牙为副手配合管仲。两位好朋友终于可以手牵着手一起打造齐国的春秋霸业了。

而管仲作为孔子的偶像、法家的先驱、改革的大师，的确是个治国的天才，尤其是在操纵经济和金融炒作方面，秒杀今天的很多资本大鳄。甚至可以说，管仲是针对敌国开展货币战争和经济攻势的始祖。

就以"买鹿制楚"[5]为例。当时南方的楚国不断向北扩张势力，齐楚两国争霸不相上下。齐桓公就问管仲：这楚国是天下强国，人人骁勇善战，正面对抗恐怕难以对付，怎么办？

管仲跟齐桓公说：想要降服楚国，需要您配合我演一场戏，您就假装特别喜欢楚国的鹿皮就好。

4.《史记·齐太公世家》。
5.《管子·轻重》。

齐桓公说：没问题啊，我对自己的演技还是有信心的。

于是他公开宣传自己对鹿皮的喜好，还派大臣持重金去楚国收购鹿皮。楚王听说了立马拍手叫好，鹿皮又不是什么珍贵的东西，趁着齐国人傻钱多，赶紧发动全国人民抓鹿剥皮去齐国换钱！于是鹿皮价格越炒越高，楚国上下都陷入抓鹿剥皮换钱的疯狂状态，这时候，管仲却派人偷偷地去楚国收购粮食。很快，楚国人手里的钱增长了五倍，而齐国人手里的粮食也增长了五倍。

这时候管仲一声令下，齐国突然宣布封锁边境，不再收购鹿皮，更禁止粮食流入楚国。楚国人手里捧着卖鹿皮换来的钱和还没来得及换成钱的鹿皮，却偏偏没有粮食。想自己种已经来不及了。他们这时才发现，鹿皮换不了钱固然什么用也没有，可光有钱没粮食绝对活不下去啊！

楚国陷入粮食危机，齐国就在两国交界地区高价贩卖起粮食来。饿着肚子的楚国人只好用卖鹿皮得来的钱从齐国买回本来就是楚国出产的粮食。当然，价格绝对比齐国人买鹿皮时付出的要高。而且，齐国人也不会一次性把所有的粮食卖给你，就这么一点一点地吊着你，让楚国人只好不断地出高价来填饱自己的肚子。

齐国人先用钱换来了鹿皮和粮食，然后把粮食反手卖给楚国人，把当初买鹿皮的钱又挣了回来，相当于一分钱没花，还白得了不少粮食和鹿皮。楚国则不得不受制于齐，国力更是损失惨重，三年后，楚国只好向齐国服软。这就是一次先秦版贸易战争的典型案例。

除了楚国，《管子》这本书里还记载了好几个败在管仲经济战争手腕之下的国家，基本套路和上面的剧情几乎一模一样。

在国际金融市场独领风骚之外，管仲还努力做好国内的招商引资工作，修整道路和市场，吸引商贾来齐国贸易，收取交易税。建立发达的娱乐业，让这些刚在齐国赚到钱的人再把钱花在齐国。总之，就是一环套一环，一步套一步，直到把你的荷包榨干。

　　齐桓公、管仲、鲍叔牙，因为那巧合的一箭，各自的命运最终纠缠在一起，组成了当时最强大的三驾马车。齐国在君臣三人的带领下，打出"尊王攘夷"的大旗，改革内政，增强国力，会盟诸侯，最终踏上了春秋霸主之路。

第七篇

冒天下之大不韪

一大家子不靠谱

先秦时期文化自由，思想开放，在学术方面百花齐放，但是在个人生活方面，有时候也会因为过于开放而出现一些令人啼笑皆非的事。春秋时期就有一个因为伦理问题造成家族内讧的故事。跟这个不靠谱的一家子相关的成语叫"冒天下之大不韪"。

西周初年，周天子分封了很多同为姬姓的诸侯。史载周公"兼制天下，立七十一国，姬姓独居五十三人"。可以说，周初的大分封，除了保证宗族血亲在新的权力蛋糕中见者有份，更是为了控制东方广大的新征服地区。

在当时的大别山麓、淮水之滨，有一个息国[1]，和周边的郑国、蔡国都是同姓的亲戚，更是周王朝控制当地的桥头堡。息国的国君，我们称他息侯，属于那种思维异于常人的一朵奇葩。当时郑庄公屡次击败宋、卫等国，声势如日中天，军威赫赫有名。有一次息侯和郑庄公见面时一言不合吵了起来。按理说都是血浓于水的亲戚，偶尔吵吵架也不算什么大事，但可能是息侯觉得自己当时没发

---

1. 位于今河南息县城西南。

挥好，没有吵出水平，没有辩出高度，嘴上得来终觉浅，还得手上见真章。

公元前712年，息侯兴兵进攻郑国，决定亲自检验一下郑国军队的战斗力。结果没想到，郑庄公可是理论和实践兼备的全才，息侯带领的部队在郑国边境被打得大败而归。史书上对息侯这一行为的评价是非常负面的。认为他作为一国之君，不考虑国际局势和国家实力，吵个小架就怒而兴兵，关键是打的还是自己的亲戚，更关键的是还没打赢！简直丢脸到家。

"冒天下之大不韪"这个成语，最早说的就是息侯干的这件蠢事。《左传》里后来也笃定地预言"君子是以知息之将亡也"，意思是只要是君子就都能看出息国要灭亡了。而息国的灭亡，在二十八年后终于拉开了序幕。引发这一切的导火索，与一个美丽的女子有关。

公元前684年，息国迎来了一件喜事，国君要迎娶陈国的一位公主。这时候息国的国君虽然还叫息侯，但他是否还是当年攻打郑国的那个息侯，史书上并无明确记载，不过不管是不是同一个人，做事的风格和脑回路都是一样出人意料。

这位要嫁到息国的陈国公主，是陈庄公[2]的二女儿，本姓妫，因为嫁给息侯，所以历史上被称为息妫。据说息妫非常美丽，而且她有一个和自己容貌非常匹配的称号，因为出生的时候桃花盛开，人们也称她为"桃花夫人"。

桃花夫人出嫁的队伍路过蔡国时，蔡侯因为娶了桃花夫人的姐姐，就热情地跑出来说：这是我小姨子，我必须得好好招待一顿，尽尽地主之谊啊！结果在欢迎的招待宴会上，蔡姐夫一看到桃花夫人的真容就郁闷了。为什么？因为

2.陈庄公，即妫林，为春秋诸侯国陈国第十四任君主。他是陈桓公三子，承袭其兄陈厉公即位该国君主。

姐妹俩差距太大了。

桃花夫人花容月貌，而自己的媳妇怎么看怎么一般。蔡姐夫不淡定了，史书上记载蔡侯"弗宾"[3]，即不尊重，可引申为轻佻、调戏。当然具体操作手法是怎样的，虽然书上没写，但大家都懂。受了委屈的桃花夫人第一时间就把这件事告诉了自己的夫君息侯。听到这个消息，息侯的愤怒可想而知。但是出人意料的是，这次他却没有一言不合就开打，反而玩起了无间道。

他急吼吼地派人冲到楚国，找到楚文王说：大王！跟你商量件事，请你派兵来打我们息国！

楚文王有点蒙圈，这么奇特的要求还是第一次听到。息侯说：楚国一直想收拾蔡国却苦于没有借口，如果你来打我，我向蔡姐夫求救，他肯定会来救援，到时候他来了我们里应外合一起把他拿下！

楚文王一听，这买卖划算得很，于是按照剧本发兵进攻息国，息侯赶紧向蔡姐夫求援，蔡姐夫果然立刻出兵，当然他是冲着国家利益还是桃花夫人才这么热心，就不得而知了。结果蔡侯带兵赶到战场之后，剧情就真的反转了。楚军一个转身开始攻打蔡国，蔡姐夫也被息侯联合楚文王给抓了。息国这坑亲戚的传统还真是如出一辙。

蔡姐夫被俘后，楚文王也是好酒好肉地招待着，边吃边看歌舞，待遇也算不错。一天，楚文王就问蔡姐夫：你看我楚国的美女如何啊？

蔡姐夫就说：一般，很一般。

楚文王说：这已经是天下最漂亮的女子了。

蔡姐夫说：大王，你不知道，最漂亮的女子其实是息侯的夫人。

3.《左传·庄公十年》。

楚文王表示怀疑：真的假的啊？

蔡姐夫说：当然了。我就是因为一时没控制住多看了她两眼，才得罪的息侯啊！

楚文王深知百闻不如一见的道理，决定亲眼去见识见识。于是他借巡游之名来到息国，息侯不得准备设宴招待这位"带头大哥"吧，结果楚文王特别说明请息侯带夫人一起来。出完恶气的息侯也是得意忘形，还真带着桃花夫人来了，可谓一点防范意识都没有。楚文王在宴会上一看，心想蔡姐夫还真是个实诚人，果然没骗我。于是楚文王借口第二天回请息侯夫妻，在宴会上直接动手把息侯绑票了，一手吞并了息国的国土，一手笑纳了息侯的媳妇。

成功反杀的蔡姐夫满以为自己很快就能回家了，没想到等来的却是楚国对蔡国的进攻和对自己无休止的软禁。因为蔡姐夫忽略了一个关键的问题。从桃花夫人变成楚文王夫人的那一刻起，自己媳妇被调戏的屈辱感，也就从息侯身上转移到了楚文王身上。蔡姐夫在楚国度过了九年的囚禁岁月，最后也死在了楚国[4]。

这幕精彩的狗血剧，结尾还有一个更狗血的彩蛋。

桃花夫人为楚文王生了两个儿子，文王死后，大儿子即位后想杀自己的亲弟弟，结果没想到却被弟弟所杀，这个弟弟就是后来的楚成王。由于成王尚且年幼，楚国的国政落入了楚文王的弟弟、令尹子元手里。

这位楚国的最高执政者，楚文王的弟弟、楚成王的叔叔、太后的小叔子，在整个执政生涯里全心全意只做了一件事——花样诱惑自己的嫂子。而且子元

---

4. 关于蔡侯的结局，《史记·管蔡世家》与《史记·楚世家》记载冲突，本书采用前者说法。

同学追女孩的方式很开脑洞，他先是找了一群英俊的男子，在守寡嫂子的宫殿旁跳着充满男性荷尔蒙的万舞[5]。饱受广场舞骚扰的桃花夫人实在哭笑不得，说：楚国的先君让人跳这个舞蹈，是用来演习备战的。现在令尹不用于仇敌，而用于我一个寡妇的门口，不是很无厘头吗？

子元一听很羞愧，同时暗自欣喜，原来自己嫂子喜欢的类型是孔武有力能战斗的汉子。

所以子元就真的带着军队去攻击郑国，当然，他只是在郑国晃了一圈之后就溜回家了。然后自认为已经称得上"孔武有力"的子元，就毫不顾忌地直接搬到嫂子宫殿隔壁，期待着来一场"转角遇到爱"的偶遇。大臣们实在看不下去了，联合起来杀了子元，结束了这场丢人丢到全世界的笑话。

所谓"冒天下之大不韪"，就是不顾舆论非要做不该做的事。息侯同室操戈，蔡侯见色忘义，楚王背信弃义，子元恬不知耻，每个人都是在冒天下之大不韪，能在一个故事里，把这么多奇葩凑成"一家子"，不得不说历史还真是有趣。

---

5. 古代舞名。先是武舞，舞者手拿兵器；后是文舞，舞者手拿鸟羽和乐器。

桃花庙

桃花庙也称息夫人庙，
位于今湖北省武汉市黄陂区。
历代文人墨客游历至此，都会挥毫
泼墨写下缅怀息夫人的诗句，著名诗人如
杜牧、王维、宋之问、罗隐等，都以息夫
人为题写下过许多千古名句。

第 八 篇

仁义之师

理想主义者的霸主梦

善良是好事，但是有时候过度善良，就是对自己的不负责任了。

成语"仁义之师"指的是为伸张仁爱正义而讨伐邪恶的军队。但目标再伟大，也要靠实力来说话，不然就会像宋襄公一样沦为千古笑柄。

齐桓公小白去世后，齐国的霸业也就随之崩塌了。在今天的河南省东部，当时有一个宋国，它的国君宋襄公，是一个善良到接近迂腐的理想主义者，决定继承齐国的霸业，为了爱与和平，以仁义为号召，重建诸侯间的秩序。

宋襄公绝对不是伪君子，在他当上国君之前就体现出以仁义为本的理念。宋襄公本名兹甫，是宋桓公的嫡子，他还有一个庶出的哥哥叫目夷。宋桓公临终前，本应继承国君之位的兹甫说：哥哥目夷比我年长，又比我仁义，应该让他来当国君。而目夷却说：弟弟愿意把国家让给我，说明他比我要仁义；再说废嫡立庶也不合制度。最后这国君之位也没让出去，哥哥目夷被宋襄公委任为相。

当年齐桓公在葵丘会盟[1]时，委托宋襄公照顾齐国的太子昭，宋襄公答应了。

---

1. 公元前651年，齐桓公在葵丘大会诸侯，参加会盟的有齐、鲁、宋、卫、郑、许、曹等国的国君，周襄王也派代表参加，对齐桓公极力表彰。这是齐桓公多次召集诸侯会盟中最盛大的一次，标志着齐桓公的霸业达到顶峰，齐桓公成为中原的首位霸主。

所以当齐桓公去世、诸子争位发生内战时，宋襄公就真的率领卫国、曹国和邾国的人马平定了齐国内乱，帮助太子昭，也就是后来的齐孝公登位，在诸侯中赢得了仁义之名。为了继承齐桓公的霸业，宋襄公先在鹿上[2]召集诸侯会盟，楚国和齐国这样的强国都应邀前来。自我感觉良好的宋襄公就跟楚国提出：我作为盟主总得有几个小弟，请楚国转让几个附属国给宋国。一向只占便宜不吃亏的楚国人竟然答应了。目夷就劝宋襄公说：咱们宋国是个小国，这样打肿脸充胖子强出头是会倒霉的[3]。

但宋襄公不听，反而不经齐楚两国的同意就擅自决定接着在盂地会盟诸侯。而且为了表示自己的仁义气质，也为了向自己的偶像齐桓公致敬，宋襄公提出了一个非常文艺的概念，叫"衣裳之会，不以兵车"[4]。顾名思义，就是会盟时各诸侯衣冠楚楚穿戴整齐，不乘坐作战的兵车。

可目夷不放心，楚国是野蛮人，谁知道他们会做出什么事来，他提议还是带点安保人员保险。宋襄公却不同意，认为如果这样，以后怎么有脸在诸侯圈混？结果一到会盟场地，宋襄公就被早看他不顺眼的楚成王给劫持了。楚成王绑着他去攻打宋国，幸亏宋国军民顽强抵抗，楚国人没占到便宜，只好找个借口把宋襄公放了回去[5]。

这次的失败，并没有改变宋襄公的理想。公元前638年初冬，宋襄公领兵攻打郑国，楚国为救援郑国，再次向宋国国都发起攻击。宋襄公率军回援，两国的军队在泓水两岸准备开战。开战前，目夷又出来劝宋襄公说，楚军人多势

2. 今属安徽阜南县城西谷河南岸的公桥乡。
3.《文献通考》。
4.《论语》。
5.《史记·宋世家》。

众，正面对抗我们不占优势。宋襄公却信心满满，说：楚国有兵力，我们有仁义，明天大家紧密团结在仁义的旗帜下战斗，保证没问题！

第二天战斗开始了，楚军开始渡河，目夷建议趁着楚军渡河到一半的好机会，先下手为强，狙击他们。宋襄公却说：我们以仁义为旗帜，怎么能做半渡而击这种卑鄙的事情呢？等楚军渡完河再说。楚军渡河后，部队前后脱节，一群人乱哄哄地挤在河滩上。目夷又说：楚军渡河后阵列不齐，我们现在动手也来得及啊！宋襄公还是不同意：站在仁义大旗下怎么好说出这样的话？等楚军列好阵势再说。

终于，双方都摆好了阵势，宋襄公这才下令开战，结果一照面就被楚国人打得落花流水，宋国的称霸之梦就这么破灭了。一年后，宋襄公也死于战斗中留下的旧伤。

有人说宋襄公是恪守仁义规则的君子，也有人说宋襄公是迂腐不知变通的傻瓜。但不可否认的是，这位智商感人的霸主争夺者，开启了宋国源远流长的招黑历史。

《韩非子》里有个成语叫"守株待兔"，说有一只宋国的兔子，也不知道怎么就那么耿直，一出门直接撞死在树桩上，刚好被一个宋国的农民捡回家给吃了。从此这个宋国的农民就不再种地，每天蹲在树桩子那儿等兔子撞死。

《孟子》里记载了个成语叫"揠苗助长"，说有个宋国的农民，急性子，还有强迫症，种完地觉得自家禾苗长得慢，所以就直接用手往上拔。

《列子》里又有个成语叫"野人献曝"，说宋国有一个农夫，穷得叮当响，常常穿着破麻烂絮，勉强熬过冬天。到了春天，他发现脱光了在太阳下曝晒非常舒服，觉得这个办法非常好，就打算把这个珍贵的取暖方法献给国君。

类似的成语还有很多，智子疑邻、杀马取道、穿井得人……无一例外，主角都是宋国人。

无论是儒墨道法杂农名兵哪一家，不管百家争鸣的时候，各家各派相互之间如何互怼拆台，在统一枪口集中火力黑宋国人这件事上，大家都是出奇的默契。在诸子的故事中，宋国简直就是智商大盆地。如果春秋时期有微博，完全可以建一个"大家一起黑宋国"的微博话题，保证分分钟上热搜。

那么为什么宋国这么容易招黑呢？主要有以下几个原因。

首先，宋国出身不好。宋国的都城商丘是商王朝的发源地之一。周初分封时，把臣服的商朝子民封在这里，让商纣王的哥哥微子启统治他们，微子启也就成了宋国的开国君主。

所以宋国实际上就是由一群前朝遗民组成的国家，而周围一圈挨着的都是新王朝的功臣亲戚，大家在一起谈天说地的时候，宋国永远是那个被排除在圈子外的少数派。而无法参与话题的人，必将成为大家的话题。所以，黑宋国，既是一个安全选择，也是一种政治正确，跟风黑宋国，既省力，又轻松，既调节气氛，又增进彼此的感情，何乐而不为呢？

其次，宋国文化异类。当时的宋国人继承了殷商文化，和周围的周文化显得格格不入。在今天，关于豆浆到底该喝甜的还是咸的都要吵得你死我活，不难想象，类似生活细节的差异，也势必会为宋国人招来其他国家民众的各种嘲笑。

最后，宋国人傻钱多。按照周代分封制度，有公侯伯子男不同的级别，宋国是公国一级最高的存在，像齐国、郑国这样的强国在礼仪上都要低宋国一头。这样高的头衔，说好听点是体现了周王朝的宽宏大量，说直白点就是让宋国人从一出场就自带招黑体质，何况宋国还出了一位千古笑柄宋襄公。

当然，先秦诸子也偶尔会分散一下火力，"邯郸学步"黑一黑燕国人，"刻舟求剑"黑一黑楚国人，但好像只有秦国人很少被黑过。其实先秦诸子中黑秦国的段子也不少，但流传得并不广泛。

为什么呢？很简单，惹不起。分分钟灭你的国，烧你的书，因为秦始皇同学可不是吃干饭的。

其实这种把一个群体标签化的行为既源于客观上的不了解，也源于主观上的不尊重。任何一个群体里的人都会有好和坏，用标签来指代别人，显示的只会是自己的无知和浅薄而已。

宋国的先祖

宋国的开国国君微子启，是商王帝乙的长子、商纣王帝辛的长兄。

微子启有兄弟三人，都是一母所生。微子启是长兄，二弟叫中衍，小弟叫受德。微子启的母亲生他和中衍的时候还是妾的身份，成为正妻后才生下最小的弟弟受德。父母本来想立长子子启为太子，而太史则依据法典为此事争辩，认为生微子启的时候母亲是妾，那微子启就是妾生的儿子，哪怕后来母亲变成了正妻也不能改变他的身份，所以以正妻身份生下的儿子受德就成了商王的继承人，也就是后来的商纣王。

第九篇

幸灾乐祸

人不要脸天下无敌

当代诗人北岛有一句话说得很精辟：卑鄙是卑鄙者的通行证，高尚是高尚者的墓志铭。成语"幸灾乐祸"说的就是一个心有多大，脸就有多大的王子病晚期患者的故事。

故事的主角就是晋国的晋惠公。晋惠公，名夷吾。在父亲晋献公的八个儿子中，他和太子申生、公子重耳三人能力最出众，名声也最大[1]。但是晋献公晚年得到了一个大美女骊姬[2]，色令智昏，又想改立骊姬所生的奚齐为太子，于是把太子申生和两个最有威望的儿子重耳、夷吾打发到外地。在骊姬的陷害下，太子申生含冤自杀，夷吾和哥哥重耳也被迫流亡国外。

晋献公去世前，让大臣荀息为骊姬的儿子奚齐保驾护航。但是晋国的另外两位大臣里克和邳郑却没有遵循晋献公遗嘱的打算。他们直接跟荀息摊牌说：三位公子的支持者都已经蠢蠢欲动，而且外有秦国的强援，内有国人的声援，

<hr>

1.《史记·晋世家》。
2.《庄子·内篇·齐物论》。

你还不明白该怎么做吗？荀息却坚持自己对晋献公的承诺，仍然立奚齐为君。既然荀息敬酒不吃吃罚酒，里克和邳郑就撕破脸皮直接在守丧的现场杀死了奚齐。而一根筋的荀息又立了骊姬妹妹所生的悼子为君，结果悼子也被里克和邳郑干掉，最后连骊姬都被他们一起杀掉了[3]，完全就是打算让晋献公死不瞑目。

荀息觉得愧对先君，于是自杀了，里克顺理成章地准备迎立重耳为国君。万万没想到，流亡在外多年的重耳却拒绝了这个天上掉下来的馅饼，选择继续流亡。于是里克只能派人找到重耳的弟弟夷吾，问他想不想回国继承君位。夷吾当然想，可这时他手下的谋臣吕省、邳芮却说：国内有权臣，我们又没有外援，在这种情况下贸然回国会有危险，不如我们去秦国求援。如果能得到秦国的支持，这事就好办了。

夷吾一听觉得有道理，就派邳芮到秦国求助秦穆公，并承诺如果能支持他回国为君，就把晋国黄河以西的土地割让给秦国。秦穆公表示秦晋两国是多年互相扶持的友好邻邦，支持一下邻国的下一任君主是很有必要的，于是派军队护送夷吾回国，顺便跟进一下河西土地的转让事项。同时，夷吾又给国内的里克写了封信，大意是：如果你支持我为君，那我就把国内最好的封地汾阳城给你作为回报。里克也觉得夷吾挺上道，于是在国内和国外的双重支持下，夷吾回国继承了君位，史称晋惠公。

然后，他令人窒息的表演就开始了。位置还没坐热，晋惠公就派邳郑去跟秦穆公说：虽然当初答应割让河西的土地，但是大臣们说土地是先君的土地，我凭什么擅自将土地许给秦国？我与他们力争也没有用，不好意思，所以向您道歉。这可不怪我，您看这可怎么办啊？

3.《列女传》

当时也没有合同法，更没有违约金一说，秦穆公没想到人竟然能无耻到这种地步，不仅说话不算数，还一副毫不理亏的样子。虽然恨得牙痒痒，但秦穆公也拿他没办法。

赖掉了对秦国的约定，晋惠公又对大臣里克说：多亏了你我才能回国继位，本来应该履行诺言封给你汾阳。但是你都杀过两位国君和一位大夫了，做你的领导我还真是肝颤，这可不怪我，你看这可怎么办啊？里克气得直翻白眼，想杀人何必找这么蹩脚的理由？这么忘恩负义的老大，跟着他人生还有什么希望？于是里克就自杀了。

正出使秦国的邳郑听说了这事，想要联合秦国驱逐说话不算话的晋惠公，结果回到晋国后事情败露，邳郑也被晋惠公杀掉了，连他和里克的同党都被晋惠公扫平，只有邳郑的儿子邳豹逃到秦国躲过一死。

就这样，"无债一身轻"的晋惠公心安理得地开始了自己的国君生涯，好像错的从来都不是他，他也从不曾亏欠别人任何东西。

大概是老天爷也看不下去了，晋惠公即位后晋国连年遭灾，发生了大饥荒，眼看储备粮已经见底，晋惠公想来想去也就只有被自己坑过一次的秦国离得最近，最有可能要到粮食援助。只是他觉得有点儿尴尬，上次河西之地没给秦国，这次还开口向秦国借粮，多少有点不好开口。不过晋惠公脸皮一向是铁打的，这点心理建设，他很快就做好了，于是依然派出使者去秦国借粮。

秦穆公虽然惊诧于晋惠公的无耻程度，但毕竟是民生问题，他还是和大臣们商量起了借粮与否的问题。秦国大臣百里奚说：天灾流行，各国都可能发生，救助灾荒，是邻国应尽的道义。晋国虽然有点不地道，但一方有难八方支援总是应该的。这个观点，大部分大臣也都赞同。

先秦成语大会

当然也有大臣持不同意见，之前逃到秦国的邳郑之子邳豹，就劝秦穆公趁机进攻晋国，直接把晋惠公赖掉的河西之地抢回来。秦穆公想了想，晋国国君人品确实堪忧，可晋国的百姓是无辜的，趁火打劫、落井下石总是不对的，这粮食，还是得借。于是秦国发动全国所有的车、牲畜和舟船向晋国运粮，渭水上运救灾粮的舟船都连成了趟，史称"泛舟之役"。

然而历史的剧情就是这么狗血。第二年，晋国大丰收，秦国却发生了饥荒。秦穆公还挺庆幸，幸亏去年借粮给晋国，不然今年轮到自己遭灾也不好开口求援，于是派使者去晋国借粮。

秦国的使者来借粮，晋惠公就召集大臣商量：这粮食，是借还是不借呢？面对不计前嫌的恩人的求助，晋惠公竟然想到的仅仅是商量商量，证明人的确可以无耻到不可思议的地步。大臣庆郑非常耿直，当场就对此表示了不理解，说：您登位靠的是秦国援助，本来答应给河西之地却没有兑现。去年晋国灾荒，秦国却仍然救助了我们，现在秦国求购粮食，给他们就是，这有什么可商量的？

晋惠公没表态，他的舅舅虢射[4]却说出了他的心声：去年是老天爷给了秦国收拾我们的机会，秦国不知道把握机会还救助我们，那是他们傻！今年机会轮到我们了，我们可不能傻，马上趁他病要他命，派兵去打他们才对啊！不愧是舅甥俩，明显这条建议更符合晋惠公的无耻人设，于是晋国不但拒绝了秦国的求援，还幸灾乐祸地派兵攻打秦国。

这可把秦穆公气炸了肺，一挺过灾荒，就立刻带兵攻打晋国，怒气值爆表的秦军很快攻入晋国境内。晋惠公这才慌了神，找大夫庆郑商量：秦人打进来了，这可不怪我，你看这可怎么办啊？庆郑依旧不改耿直本色，直接开口骂道：

4.《史记集解》。

秦国护送你回国即位，你却违背诺言；我们饥荒时秦国援助我们，秦国饥荒时我们却趁机进攻它，现在秦军打我们难道不应该吗？

晋惠公没办法，只好亲自带兵上阵。战前的占卜显示，让庆郑给国君驾车最吉利。晋惠公觉得庆郑整天喷自己太讨厌，就没同意。

公元前 645 年，晋惠公与秦穆公在韩原交战。战斗开始后，晋惠公的战车陷入泥沼动弹不得，他看到庆郑路过，赶紧招呼他来驾车。然而耿直到底的庆郑看了一眼，再次吐槽道：背信弃义，还违背了占卜的指示，现在才想到我，陷在这难道不应该吗？说完竟然转身而去，结果晋惠公就被秦穆公俘虏了。

我们完全可以想象秦穆公当时畅快的心情得有多么爽利，忘恩负义、背信弃义的小人终于要受到正义的制裁，简直是大快人心的剧情。但这时候秦穆公夫人穆姬跳出来不答应了，因为晋惠公是她的弟弟。穆姬让人搭好高台，堆满柴火，告诉秦穆公说，你要杀我弟弟，我就带着你的儿女自焚，你看着办吧！还能怎么办？秦穆公只好把俘虏晋惠公当成国宾一样隆重招待，然后敲锣打鼓地把他送回去。

而被姐姐救下来的晋惠公又是做何反应呢？当初穆姬出嫁的时候，占卜说她嫁到秦国会给晋国带来一场败仗。这回被秦国打败，可让晋惠公找到理由了。他对来迎接的大臣韩简说，这次败仗可不怪我，谁让我姐姐不吉利，当初我爹要是听了占卜的话，我今天就不用这么遭罪了！

面对如此嘴脸，晋国大夫韩简也忍不住怼道：别把锅甩在占卜上，君上干的这些破事儿数得过来吗？就算听从了占卜的话，又能好到哪里去呢？晋惠公这次终于不吱声了，留下太子在秦国当人质，灰溜溜地回到了国内。一回家，他就杀掉了耿直的庆郑泄愤，不过终于把一开始承诺的河西之地割让给了秦国。

孔子曾说过："富与贵，是人之所欲也；不以其道得之，不处也。"[5]后世将其发展为"君子爱财，取之有道"[6]的俗语。同样，国家之间有竞争，有利益的争夺，一样要取之有道。作为一个国君，晋惠公毫无底线，不讲信用，表面上看占了便宜，短期内得了好处，但付出的是国家的信用，其实是得不偿失的。而作为一个人，晋惠公也很好地演示了所谓无耻之徒的典型特征，第一是人品太次，第二是不知悔改，第三是觉得自己永远无辜。

当一个背信弃义的人打算对帮助过自己的人恩将仇报的时候，往往比陌生人来得更彻底和狠毒，因为他们必须用各种手段来证明自己忘恩负义的合理性和正当性。所以见到这样的人，一定要远离。

5.《论语·里仁》。
6.《增广贤文》。

第 十 篇

退避三舍

生活不止眼前的苟且

说到大器晚成，你最先想到的是什么？孙悟空五百多岁西天取经？白素贞一千多岁下凡找许仙？其实我们真实的历史里有个名人，他就有一个用几十年的年华憋大招，六十岁才走上巅峰的故事。他就是春秋时期的第二位霸主，晋文公重耳[1]。跟他相关的一个成语就叫"退避三舍"。

　　公元前 656 年，晋献公想立小儿子为太子，逼死了自己原来的太子申生，又想拿另外两个儿子重耳和夷吾开刀。他派了一名叫勃鞮的宦官带兵去追杀重耳，重耳被追得很狼狈，连袖子都被割断了一只。同时夷吾也遭到了攻击，两人被迫逃亡国外。那一年，重耳四十三岁。此时的他，爹不疼，妈不在，地位财富瞬间清零，权力前途一无所有，在人均寿命三十岁出头的古代[2]，新晋高龄草根重耳开始了自己的流亡之路。最开始，他带着狐偃、赵衰等一群小伙伴逃到了自己母亲的国度狄国[3]，并在那里娶妻生子，总算过上点安稳的日子。

　　1. 根据《史记·晋世家第九》整理，下同。
　　2.《人口论纲要》。
　　3.《左传·僖公五年》。

公元前 651 年，晋献公去世，大臣里克想迎立重耳回国为君，但是重耳知道天上不会掉馅饼，要掉也是掉铁饼，所以干脆就拒绝了。后来夷吾依靠秦国的帮助回国即位，就是上一篇提到的晋惠公，重耳则继续在狄国过他的小日子。但没想到七年后，晋惠公一通无耻表演，面子里子都丢光之后，突然想起自己这个哥哥在社会上人缘不错，是个大大的威胁，就派人去干掉重耳。

这次来的杀手还是个老熟人，就是上次晋献公派来的那个宦官勃鞮。又一次面对至亲之人的追杀，重耳的内心是崩溃的。不得已，他只好再次带着小伙伴们一起跑路。临走前，他和妻子说：如果我二十五年还没回来，你就改嫁吧！妻子笑了，二十五年，坟头上的树都能乘凉了。果然，她再也没有等到丈夫回来。

重耳再次踏上了流亡之路，这一年，他五十五岁。一行人来到了齐国，齐桓公热情地接待了他，还把一个宗室之女齐姜嫁给了重耳，陪送了丰厚的嫁妆。有了齐国的庇护，重耳觉得这下子总能安生一段了吧。

没想到，不久齐桓公去世，他的五个儿子为争夺君位大打出手，各诸侯国也掺和进来，齐国一片混乱。这时候重耳却不愿意再折腾了，就这样破罐子破摔地在齐国又窝了五年。但是跟他一起出来的小伙伴都很着急。

有一天重耳的手下赵衰、狐偃躲在一起商量怎么把重耳弄回国，恰好被齐姜的侍女听到了。这位忠心不二的小侍女赶紧跑去报告自己的主母，说：不好了，那帮人想把姑爷弄回国，让夫人您守活寡啊！结果这位夫人厉害了，她把所有知道这件事的侍女都杀了，然后劝重耳赶紧走。

重耳却说：我都这么大岁数了，能乐和一天是一天，管其他的事干吗？我不走。夫人就说：你不能光顾着眼前的苟且，还有诗和远方的田野呢！这么多人跟着你，你不努力去报答他们，成天窝在这儿有啥出息啊！然后，这位非常励志的夫人就把重耳灌醉，装到车上直接运出国了。真是家有贤妻，想不努力都不行啊！

于是，重耳开始了第三次流亡，从零开始寻找重返晋国的机会，这一年，他五十九岁。一行人路过曹国，曹国国君听说重耳有一个特异之处——骈胁，就是肋骨不是一根根分开的，而是长成一整块，像一块平板。这位曹国国君也真是个求知欲超强的好奇宝宝，为了探索事情的真相，竟然潜入重耳的浴室偷看他洗澡[4]，简直是脑洞奇特，气氛尴尬到爆。受到无礼对待又无可奈何的重耳和小伙伴们抖落身上的鸡皮疙瘩，赶紧离开了曹国。

下一站宋国。刚刚在泓水之战中惨败的宋襄公虽然很仁义，但宋国实在无法提供什么实质性的帮助。再下一站郑国，依然没有得到好脸色，只好继续南下楚国。好在楚成王，也就是桃花夫人息妫的儿子，用高规格的礼仪接待了重耳，热情之余就问重耳：你以后要是发达了，想如何报答我呢？

重耳说：您在楚国什么好东西都不缺，真不知道我有什么可以拿来报答。不如这样，要是以后晋楚两国在战场上相遇，我会后退三舍之地，也就是九十里来报答您的恩情。

没想到，机会这么快就来了。晋惠公当年留在秦国做人质的太子圉，听说老爹情况不妙，就抛下他的妻子，也就是秦穆公的女儿，自己一溜烟跑回了国，不得不说这种不负责任的遗传基因果然强大。老丈人秦穆公很生气，决定邀请重耳来秦国，一起研究一下怎么收拾晋惠公父子的事情。

于是，楚成王把重耳送到了秦国，秦穆公又把五个宗族之女嫁给了重耳，我们的重耳同学虽然一生颠沛流离，但婚姻运势始终不错，走到哪里都不缺媳妇。

4.《左传·僖公二十三年》。

不过这次秦穆公嫁过来的五个女子中，还包括那个被太子圉留在秦国的前妻，按辈分算应该是重耳的侄媳妇。重耳对这次婚姻总觉得心里有点别扭，好不容易在手下小伙伴的劝说下才完成了心理建设。秦穆公对此很满意，决定支持重耳归国继位。

公元前636年，重耳在秦军的护送下东渡黄河重新回到晋国。眼看新君上位就在眼前，之前一起奔跑的小伙伴纷纷表示自己对团队的贡献巨大，主动请赏，重耳也许诺会给大家诸多的好处。这时候，只有一个叫介子推的人不以为然，他曾经在重耳逃亡的途中，割下自己的大腿肉给重耳充饥，而在此刻即将享受胜利果实的时候，他却觉得身边这群人实在太过功利市侩，于是脱离团队隐居山中，后世的寒食节据说就是为了纪念他。

重耳即位这一年，他六十二岁，史称晋文公。在今天这个岁数都要退休了，他却刚刚上岗。即位后，晋文公先派人杀死了自己的侄子，以保证晋国从此以后没有内忧，却没想到引发了晋惠公当年旧臣吕省、郤芮的内心恐惧，两人合伙想放火烧死晋文公。

正当阴谋即将实施的时候，一位老熟人再次出现在晋文公面前，还是那个两次追杀他的宦官勃鞮。不过这次他不是来当杀手的，而是来告密加投靠的，他将吕省、郤芮的阴谋和盘托出，这才让晋文公不至于刚就业就因公殉职。

晋文公即位当年，还发生了一个大八卦，出在当时周天子的家里。周襄王的弟弟王子带和嫂子发生了点暧昧关系，结果被大哥发现了，两兄弟火并之后，大哥周襄王反而被打跑了，真是赔了夫人又折兵。被打跑的周天子向各诸侯国求救，诸侯们纷纷表示谴责，却没有半点实际行动，只有秦穆公准备出手勤王主持正义。

晋文公的参谋团抓住了这个难得的战略机会，说服晋文公抢先出手，带兵干掉了专吃窝边草的王子带，受到了王室的嘉奖，占领了舆论和道义的高度。从此，晋国在各国中的威望大幅上升。

公元前632年，晋文公带兵友好访问了一下当年偷看自己洗澡的曹国国君，而曹国这时候已经是楚国的小弟，所以这次带兵访问，也触发了晋楚两国之间的城濮大战。

两军对峙阵前，晋文公果然遵守当年的诺言，连退九十里，既报答了楚王的恩情，又实现了诱敌深入的战略。晋军主力由上中下三军构成，各由一位重臣带领。战斗开始后，上军佯装撤退，中军拦腰截击，下军用虎皮披在战马上变身猛兽战士，吓得对面的敌军人仰马翻。

史料记载当时晋军七百辆战车参战，一辆战车至少需要四匹战马来牵引，下军就算只占全军的三分之一，至少也要九百张虎皮，这大概是要把黄河流域的老虎都一网打尽了。

城濮大战以晋国的胜利告终，晋文公也接过了齐桓公的大旗，成为春秋时期的第二位霸主。之后晋文公借着周天子的权威，以晋国强大的实力做后盾，多次召集各诸侯国小弟，拜码头认大哥，明确晋国的扛把子地位。晋文公明赏罚，减赋税，完善三军强化武力，设立六卿完善内政，在短短九年时间里就开创了晋国自此之后延续了百年的霸业。

公元前628年，晋文公与世长辞。他一生颠沛流离，四处逃亡，可以说整个人生的前六十年，都是在为最后的爆发憋大招。说起人生曲折，说起郁郁不得志，说起大器晚成，还有能超过他老人家的人吗？

先有寒食节，后有介子推

清明节祭祖是中国人的习俗，而今天的清明节是融合了上巳节和寒食节的综合性节日。很多人都知道寒食节是晋文公为了纪念介子推而设立的，其实这个也是误会。

寒食节最早的起源是上古时期灭旧火点新火的习俗，远比介子推出现得要早。而且无论是《史记》《左传》，还是《国语》中，都没有记载介子推割肉啖君和被火烧死的故事。历史上的介子推的确隐居深山，但最后寿终正寝。

第十一篇

食指大动

不要低估吃货的力量

说起中国的饮食文化，那绝对是历史悠久，内涵丰富，水平高超得不得了。和饮食有关的成语典故也有很多，"食指大动"就是其中一个。但很多人可能不知道，这个成语说的其实是一个惹天惹地惹空气，只有吃货惹不起的故事。

人类一只手上五根手指，拇指、食指、中指、无名指、小指，长短功能不同，配合使用才能达到最佳效果。最靠近拇指的手指就叫作食指，由于常用于指点物品，医学上称"示指"。

那"食指"的称呼又是怎么来的呢？传说，在筷子发明前，古人习惯用这根手指头拿取食物，试探汤水、食物的冷热，所以才叫"食指"。而"食指大动"和"染指于鼎"两个成语，也证明了这个名字的来历跟吃的确有关[1]。

公元前605年，同时是郑国国君郑灵公元年。这一天宗室的两位成员，公子宋和公子归生结伴去上班。走着走着公子宋的食指突然抖动起来，他一脸兴奋地对同行的公子归生说：你看你看，我的手指头动了！

---

1. 根据《左传·宣公四年》《史记·郑世家》整理，下同。

公子归生用关爱智障的眼神看了看公子宋说：啊，所以呢？你觉得手指会动也算新闻吗？这我也能动啊，你看你看！

公子宋说：不是，我这根手指不是我让它动，是它自己在动！

公子归生仔细一看还真是，公子宋这手指颤动起来的频率和造型很奇特，和自己故意动手指的样子的确不一样。所以他又说：是不一样，所以呢？你想表达什么？你的手指有特殊的才艺？我跟你说，我小时候长个儿那会儿缺钙，那腿也总抽抽，你没事还是多晒晒太阳补补钙吧！

公子宋说：你不知道啊，我这根手指很神奇的！每次我食指大动之后，很快就能吃上特别的美味！屡试不爽！看来今天我又要有口福啦！

公子归生表示怀疑，那这根手指头简直就是人肉做的美食雷达，岂不是比外卖软件还灵？ 公子宋说：你不信的话，那咱俩打个赌。我赌今天上朝，君上可能就要请咱吃好吃的！

于是两人带着赌约来到了郑国的朝堂之上，结果一进门，看到郑灵公的厨师正准备宰杀一只大鼋[2]。原来这是楚国人送给郑灵公的，如此独特的野味可遇而不可求，所以郑灵公准备做一大锅汤，和各位大臣一起尝尝鲜。

公子宋得意地笑道：果然如此吧，我这手指就是灵验。

公子归生一看，这还真灵啊！两人相视而笑，就等着喝美味的羹汤了。

因为两人都是宗室，坐的位置离郑灵公很近，他们在底下挤眉弄眼的样子就被坐在上面的郑灵公看见了。郑灵公很好奇，拉着公子归生问，爱卿你们何故发笑？有段子讲出来与寡人一起分享分享。

公子归生就据实相告说：哎呀，主上你是不知道啊，公子宋的手指头可灵了，

2.鼋，是龟鳖科中的一属，特点是体形大，体重可达一百公斤。

今天早上他说只要食指大动就会有美味享用，果然一到这里，君上就准备赐给我等鼋羹吃，公子宋的手指也太灵了！

郑灵公一听，哟，这么厉害，吃个饭你还要提前预言？哼哼，那我得让你知道，有我在今天就让你神气不起来。

郑灵公谥号为"灵"，"灵"这个字可不是个好谥号，乱而不损曰灵，意思就是出了乱子却摆不平的才是灵。而从郑灵公的所作所为来看，这个"灵"字还真是太适合他了，因为他虽然不擅长摆平乱子，但他非常擅长没事添乱。

王八汤熬好了，郑灵公就跟身边伺候的人吩咐了一句，然后坐等好戏上演。

侍者开始给在座的大臣们分羹汤，公子宋因为"食指大动"的预言灵验，特别开心，翘首以待，等着享用美味。可是左等右等，身边的大臣每个人都分到了一份，在旁边吸溜吸溜喝得美，只有自己的面前空空如也。

这是什么情况？如此大的一只鼋，做成羹汤不可能不够分，就算不够分，以自己的亲贵地位，也不至于连口汤水都捞不到，难道后厨和侍者把自己忘了？

结果公子宋一抬头，看到了郑灵公在上面对着公子归生挤眉弄眼地笑，一下子就明白是怎么回事了。不是不够分，不是忘了给，这是国君拒绝赐给自己，这是当众打脸的嘲笑，更是赤裸裸的羞辱。熊熊的怒火在公子宋心中燃烧，臣下效忠君主，君主赏赐臣下，本是最基本的礼仪之道。但今天在一国朝堂之上、众目睽睽之下，君上对所有臣子的赏赐却故意漏了自己。没做错任何事，却要无故受到羞辱和惩罚，这是何等的屈辱！

此刻，公子宋要捍卫的，除了自己贵族的荣誉和应有的权利，还有作为一个吃货的尊严，他要为自己的食指正名。于是，在朝堂上一片此起彼伏的喝汤声中，公子宋起身径直走到郑灵公的桌案前，伸出自己那根能预告美食的食指，在郑灵公装王八汤的鼎里搅了一下，然后放在嘴里用力地吸了一口！告诉你，这口王八汤，老子最终还是喝到了！

这就是"染指"这个词的由来。接下来，在众人惊诧的目光中，公子宋连告退的礼都没行，就转身拂袖而去。

当时的气氛很尴尬，时间像静止了一样，还是郑灵公先反应过来：咦，这小子刚才用手指蘸了寡人的鼎，这是诸侯才有资格使用的鼎，他怎么敢用？而且这厮进来似乎没洗手吧？我去，这汤我还能喝吗？这小子简直就是一根手指坏了一锅王八汤啊！

郑灵公想发飙，声称一定要把这个不洗手就蘸汤的公子宋给杀了！结果没喝到汤的公子宋却决定先下手为强。他找到了公子归生说：此事因你而起，而且这君上太没谱了，我决定换个君主，你跟不跟我干？

公子归生的回答也很巧妙，他说：牲畜老了都不一定忍心杀，何况是个刚上位的国君呢！这事儿我可不掺和！

公子宋说：你不干也得干，反正我也活不久，到时候我就说你和我一起想造反，而且你以前做的那些破事，我都拿小本本记得清清楚楚，我全给你捅出去，看你怎么办。

受到威胁的公子归生没办法，只好和公子宋一同起兵，把刚即位凳子还没坐热乎的郑灵公给杀掉了，后来公子宋也因为弑君之罪被诛杀，公子归生虽然没死，但史书一样把他作为弑君的帮凶记录在案。

郑灵公没有一个君主的气量，公子宋僭越失礼。就因为一个玩笑，就因为一碗王八汤，一对君臣死于非命，一国政局陷入混乱，实在是得不偿失。很多人不理解，觉得郑灵公虽然没谱了一点，但公子宋因为一碗羹汤就弑君造反，也有点太小题大做啦。

真的是这样吗？

其实类似食指大动这样由食物引发的血案，在春秋时期并不是个案。

公元前607年，也就是食指大动的故事发生的前两年。郑国和宋国在大棘，也就是今河南柘城西北爆发战争。郑国这边的统帅，就是公子宋的小伙伴公子归生，而宋国的统帅则是宋国大夫华元。

开战前，为了鼓舞士气，华元杀羊做羹犒赏部队。可能是队伍太大，羊肉羹不够分，唯独把给华元驾车的司机羊斟给漏了。这位老司机也是心机深沉，没分到羊肉羹也没有当场表现出不高兴，只不过在第二天战斗刚一开始，宋军阵形还没展开，作战命令还没下达时，他就一马当先地载着统帅华元冲了出去。只见整个战场上一辆战车一骑绝尘冲向敌人，把全军扔在原地。

宋军很感动，难不成我方主帅是想一个人单挑对面整个郑国军队不成？勇武啊！郑军很惊讶，难不成对方主帅是想一个人单挑我们整个郑国军队不成？不会吧！华元很抓狂，难不成羊斟以为我一个人能单挑对面整个郑国军队不成？停车啊！

羊斟很淡定：昨天的那只羊，你能做主；今天的这辆车，我来做主！

于是他拉着华元直接开进了郑军的阵营，华元被俘，宋军就此战败[3]。

《左传》中认为羊斟是一个以私害公的典型，因为一碗小小的羊肉羹就牺牲了整个国家的利益。不过这告诉我们两个道理：

第一，宁落下一群，莫落下一人。

第二，永远不要低估一个吃货因为吃不到美食而产生的破坏力。

3.《左传·宣公二年》。

用鼎怎么做饭

　　1974—1975 年，陕西省宝
鸡市茹家庄出土的 "白乍井姬鼎"
造型奇特，底部盘内可置炭火加热，方便
将火源与菜品一起端到桌上。而且容量据推测
只够一人食用，应该是分餐制下一人一吃的"小
火锅"。

　　2010 年，陕西西安咸阳机场二期考古工地
上，清理出一座距今二千四百多年的战国时期
秦墓。在墓的壁龛中发现了一件青铜鼎，
鼎内竟然保存有狗肉骨头汤，被考古
界戏称为 "狗肉火锅"。

第十二篇

止戈为武

代表月亮消灭你

由于中国汉字的象形功能，其强大的表意能力可以让后来的我们与造字先民的思维无缝对接，我们甚至可以通过一个字含义的变迁，体会古代中国人思维的演进。比如"武"这个字的字义变化，和"止戈为武"这个成语所表达的，就是一个为了大地的爱与和平，代表月亮消灭你的故事。

公元前636年，晋文公在秦国的帮助下回国为君，并在公元前632年城濮之战中打败了南方霸主楚国，从而确立了晋国的霸主地位。

但是晋国要称霸华夏，秦国想东进中原，两个大国自身的战略目标和国家利益冲突依然不可调和。秦晋之好的蜜月期很快过去，已经扶立了三代晋国国君的秦穆公终于决定挥师东进。两国之间爆发了三次大战，其中的崤山之战更是让秦国损失惨重，虽然后来秦穆公屡败屡战总算找回了点场子，不过也悲哀地发现，秦国的东进战略始终无法冲破晋国的阻隔，所以只好调整国策掉头西进，"兼国十二，开地千里"[1]，攻占了函谷关以西的大片土地，为后来秦国的崛起

<hr>

1.《韩非子·十过篇》。

奠定了基础，并且与南方的楚国联合，共同对抗强大的晋国[2]。

虽然一直是秦国被晋国按在地上打，不过也极大地消耗了晋国的精力，反而让南方的楚国找到了北上扩张的机会。城濮之战楚军虽然失败，但楚国并没有押上全部家底，所以国力未损，楚国依然是晋国霸权强有力的挑战者。

在春秋时期的国际格局中，晋楚两国是当之无愧的超级大国，两国为争夺天下霸权，拉小弟组阵营，明争暗斗，甚至大打出手，那也不是一次两次了。而秦国和齐国则是次一等的强国，虽然两极并立无法超越，但它们也在整体格局中起到举足轻重的作用。至于其他的宋国、郑国、鲁国、卫国等，则只配充当晋楚南北争霸战争中的群众演员和背景板。

来自北方的晋国，就像一头身形壮硕、爪牙锋利的大熊，战斗力绝对爆表，北伐戎狄，西阻强秦，东平齐国，南败楚国，四个方向都暴打了一圈。终晋国一世，六战秦国，四抗楚国，一平齐国，全场十一战九胜二负，堪称春秋第一惹不起。

可惜强大的晋国虽然在外包打天下，内部矛盾却始终摆不平，最后国土被韩赵魏三家大夫瓜分。

晋国灭亡，南北争霸格局最终瓦解，继承了晋国三分之一实力的魏国在战国初期吊打全场，分得另三分之一实力的赵国在战国后期硬抗强秦。由此可以想象，如果晋国不亡，秦国估计只能一辈子窝在西边养马了吧！

而在争霸格局中，楚国这边登场的主角，就是春秋五霸之一的楚庄王。楚庄王，芈姓，熊氏，名旅。

当时晋楚两极争霸的焦点，集中在郑国身上。

首先，因为郑国身处中原腹地，紧邻黄河，无论是晋国南下攻楚，还是楚

2.《左传·文公十四年》。

国北上攻晋，郑国都是重要的前进基地和战略跳板。

其次，经过晋楚两国的历次交锋，双方都试探出自身和对方力量投射的极限。很不幸，郑国所处的位置刚好是晋楚两国能打到的最远的地方。

越过郑国南下，晋国国力吃不消；跳过郑国北上，楚国国力也受不了。所以围绕着郑国到底跟哪位大哥混，两个超级大国展开了长久的争夺。

从公元前608年到前606年的三年中，晋四次伐郑，郑国表示：大哥别打了，从今往后你就是我大哥！

楚国一听哪能置之不理，于是接下来的八年中，楚又七次伐郑，打得郑国苦不堪言，只好又转而投入楚国的怀抱。

结果晋国又不干了，晋国中军元帅荀林父带着人马又来找说法了。

郑国能怎么办啊，郑国也很绝望啊！这种两头不讨好、两头都挨揍的日子真没法过了。为了让国家摆脱被晋楚两国轮流削的窘境，郑国派使者鼓动带兵前来的晋国统帅荀林父与楚决战，这样不管谁打赢了，郑国就跟谁，总好过一直受夹板气。

其实晋楚两国对彼此都很忌惮。晋国这边对于打不打，意见并不统一。一派认为我们晋国打架从来不啰唆，赶紧上，不能怕！另一派觉得何必和楚国死磕，等楚国撤军了我们再来削郑国不就完了？

楚国这边带兵亲征的楚庄王也有点犯嘀咕，说要不咱就先撤吧，等晋国走了，咱再来对付郑国不就完了？这就是小国的悲哀，此处心疼郑国一秒钟。

但是，楚庄王的爱臣伍参主张冲上去打，令尹[3]孙叔敖则持反对态度。伍参对楚庄王说，晋国现在朝局不稳，将帅不和，只要打一定能赢。而且对面是晋

3.令尹是楚国在春秋战国时期的最高官衔，是掌握政治事务、发号施令的最高官。

国的臣子带兵，我们这边是大王御驾亲征，没道理楚国的王比晋国的臣还胆小啊！楚庄王这才决定北上应战，为麻痹晋国，楚国派出使节向晋军求和，这就进一步加剧了晋军高层的分歧，战和之策始终未定。

结果到了约好和谈的日期，楚国却派人驾驶着一辆战车突袭晋军军营。这支挑衅小分队杀死一人，生擒一人，拿完人头竟然就飘飘然而去，可见晋军当时的备战情况有多糟糕。

晋军将领魏锜和赵旃，之前升职报告没有通过，对老板憋着一肚子邪火和不满没地方发，所以想找个机会让晋国打个败仗。他们申请去楚营挑战找回场子，晋军统帅部没有答应，然后他们又说那不让去挑战，去送信总可以吧？晋军高层就同意了。

结果两人以送信为名，偷袭楚军去了，但很明显，成事不足，偷袭失败，反而引来楚军的主力，思路混乱、战备不足的晋军在楚军的攻击下很快溃不成军。

面对不利的战局，晋国中军[4]元帅荀林父指挥失措，竟然下达了一个非常蠢的命令，"先渡过河的有赏"。不是渡河向南抵抗楚军，而是渡河向北逃回晋国，没有掩护，没有次序，就让大家赶紧逃命。结果晋军被打得大败，士兵疯狂地争抢过河的渡船，没上船的人抓着船帮想爬上船，船上的人为了逃命，挥刀就砍，以至于船舱里积累的断指多到可以用手捧起来的地步。

多亏了晋国上军有所准备，败而不乱，再加之下军部分战士的反击，才成功掩护了主力部队渡过黄河。在反击中，晋军还射杀了楚国大夫连尹襄老，俘虏了楚公子谷臣。

但总的来说晋国还是败了，而且败得很惨，一整夜里，晋国人都在鬼哭狼

4.见《退避三舍》篇，晋军主力分为上中下三军，各由一位重臣率领。

噪地忙着北渡黄河。楚庄王终于一雪楚国在城濮之战中的屈辱，这场战役在历史上被称为邲之战[5]，因为泌水流入荥阳后称"渡荡渠"，可写作"两棠"，所以此战又可称为"两棠之役"[6]。

战斗结束在打扫战场的时候，楚国大夫潘党，即和养由基齐名的神射手，劝楚庄王说：臣听说打了胜仗，一定要让子孙后代都知晓才行，不如把晋国军人的尸体堆积起来，筑成一座大"骨髅台"[7]，作为战争胜利的纪念，既能留给子孙后代看，还可以威慑诸侯，多好啊！

楚庄王却说：不能这样，你看"武"这个字，它是由"止"和"戈"两个字组成的，所以制止暴力才是真正的武功。武功应该具备七种德行——禁止强暴、消除战争、保持强大、巩固基业、安定百姓、团结民众、增加财富。这七个品德我一种也没有，拿什么留给子孙？而且晋国的士兵执行国君的命令有什么过错，怎么可以侮辱他们的尸体做京观呢？

于是楚国的军队按照楚庄王的命令，妥善安葬了晋军士兵的尸体，到黄河边祭祀了河神，修筑了一座祖先宫室，宣示了楚国的胜利后很快班师回国了。

其实关于楚庄王的成语有好多，"一鸣惊人"，说的是他忍者流乌龟派的蛰伏打法，懂得抓住最佳时机出手；"楚王问鼎"，说的是他实力碾压，欲取周朝而代之的野心；而"止戈为武"这个成语，则更体现出楚庄王作为一个卓越政治家的超凡眼光和格局。

先民造字之初，"武"这个字中的"止"和"趾"是一个字，表示站立的

5.《左传·宣公十二年》。

6.《吕氏春秋·至忠》。

7. 古代战胜的一方将战败一方阵亡者的尸体堆积在大路两侧，覆土夯实，形成一个个大金字塔形的土堆，号为"京观"或"武军"，用以夸耀武功。

腿[8]。而"戈",则是进攻的武器。"止戈为武"最初的意思,是一个人手持武器站立的形象,后引申为一个国家或民族想要生存于世,就要有足够的武力来保卫自己。

但到了春秋时期,中国人对"止戈为武"这个词的理解,则将"武"这个字的哲学含义又提升到了一个新的高度。一个文明除了要保证自身能够延续下去,更要有追求和平的心。而和平不是靠谁的恩赐,而是要靠自身强大的武力来保障。

8.《汉书·刑法志》有"斩左止",颜师古注:"止即趾。"

第十三篇

秉笔直书

正直史官不好当

"绿帽子"一词，在中国文化中通常有特殊的指代，但你不知道的是，其实这个词背后有个充满正能量的成语，就叫"秉笔直书"。

首先，我们来想一个问题，为什么这顶帽子非得是绿色而不是别的颜色呢？

原来古人认为青、赤、黄、白、黑五色为正色[1]，是尊贵的象征。虽然宋代的朝廷高官所穿的非红即紫，所谓"满朝朱紫贵，尽是读书人"，但是实际上在孔夫子的时代，朱红色才是尊贵的正色，紫色恰恰是"违反礼制"的僭越色[2]。

而绿色则属于间色，代表低端没档次，在官服体系中属于底层官员的专用色。同时唐代对犯罪之人"不加杖罚，但令裹碧头巾以辱之"[3]，可见这时候绿色的头巾就已经是一种侮辱和惩罚了。而到了宋代，绿色的头巾更是屠夫、卖酒小

1.《礼记·玉藻》："衣正色，裳闲色。" 孔颖达注曰："正谓青、赤、黄、白、黑五方正色也。"

2.《论语·阳货》。

3.《封氏闻见记》。

贩等底层工作者的标配[4]。元代则开始把绿色和情色联系起来，"娼妓穿皂衫，戴角巾儿；娼妓家长并亲属男子，裹青头巾"[5]。

到了明代洪武年间，明太祖朱元璋于洪武三年（1370）下诏规定艺人、乐工等音乐工作者只能穿绿色，不可以和普通民妇穿的一样，又规定青楼女子的丈夫则必须要戴绿色的头巾，算是把绿色的地位用圣旨的形式规定死了。

但为什么是绿帽子，而不是绿手套绿围脖呢？这可以从一对相爱相杀的君臣搭档，齐国的国君齐庄公和大臣崔杼说起[6]。

齐庄公，姓姜，吕氏，名光，本是齐国正牌的太子。因为老爹齐灵公想不开非得去惹春秋时期第一惹不起的晋国，结果被晋国带领各国联军打上门来。齐灵公能力弱没担当又只想跑路，幸亏太子光力劝阻止才没有闹出更大的笑话。齐国被晋国一通暴打后，齐灵公只好各种伏低做小，把太子光也就是后来的齐庄公派到晋国去当人质，直到两国关系缓和，太子光才被放了回来。

可齐灵公不念儿子的功劳，不但把太子光远远地放逐，还要改立自己宠爱的小儿子为太子。眼看储君之位就要飞了，于是太子光在一名叫崔杼的大臣帮助下，杀回首都，弄死了和自己争位的弟弟，还把老爹齐灵公气得吐血而亡，自己终于顺利继位，称为齐庄公，而大臣崔杼也借这件事成为朝堂之上的第一人。

不过遗传的力量还真是强大，即位后的齐庄公和他爹一样不懂得对帮助过自己的人感恩戴德，忘恩负义倒是一把好手。

崔杼的夫人是有名的美女。齐庄公看上了这位夫人，有事没事就往崔杼家跑，聊聊天啊，喝喝酒啊，见见夫人啊。

4.《梦溪笔谈》。
5.《元典章》。
6.《史记·齐太公世家》。

一开始，崔杼还觉得挺高兴：你看君上多欣赏我，这么多朝廷重臣，就只往我家跑！

后来齐庄公就经常给崔杼安排一些类似领军出征国外的工作，这种工作非常重要，但同时得出远门很久。

崔杼更高兴了：你看君上多器重我，这么重要的工作，都只交给我一人！

不过崔杼不知道，每次他前脚离开家，齐庄公后脚就上门，也是老三样，聊聊天啊，喝喝酒啊，见见夫人啊，只不过，都没有崔杼在场罢了。

齐庄公有次幽会回来，还顺手带了点纪念品回宫，就是崔夫人给崔杼做的一顶帽子，他不但把这顶帽子带回来，还随手赏赐给了别人。

左右服侍者劝他不能这样做，他却说：怎么了？难道除了崔杼，别人就没有帽子了吗[7]？

这是帽子这个元素第一次出现在这个案例中，当然，由于史料记载和考古发现的缺乏，我们无法确定崔杼的帽子到底是什么颜色的，不过相信在大家的概念中，崔杼的帽子已经绿得不能再绿了。

虽然先秦时期没有娱乐周刊，不过纸总归包不住火，崔杼终于知道了事情的真相，内心真是一万只羊驼碾过。当年你小子眼看完蛋，是老子拉了你一把，就是冲着你当了国君后能关照一下我，你这关照得也太彻底了，连我媳妇都一起关照了！

同时，齐庄公继承了老爹齐灵公的战略，继续去挑衅惹不起的晋国，崔杼觉得晋国一旦报复，齐国肯定承受不来，除非能换一个国君来平息晋国的怒火。这时候崔杼其实已经动了杀心，只是苦于找不到机会。

7.《左传·襄公二十五年》。

结果这机会被齐庄公亲手送上门来。因为一点错事，齐庄公鞭打了身边的一个叫贾举的宦官，贾举怀恨在心，就和崔杼联合起来准备弑君。

于是，有一次齐庄公宴请群臣，崔杼却称病没有来。齐庄公一看：哎呀呀，崔大夫病了，寡人得去慰问一下崔夫人——啊，是慰问一下崔大夫才对啊！他来到崔府，听说崔杼病得根本爬不起来，马上表示崔大夫病得这么重啊，那可太好了——啊，不是，那可太不巧了。既然如此，寡人就别去打扰崔大夫静养，还是去安慰一下崔夫人吧！

直奔崔夫人的齐庄公一个人进入内宅，可崔夫人只陪了他一会儿就借口出去了，齐庄公就这样岁月静好地乖巧等待，左等也不来，右等也不来，等得心急的齐庄公，竟然抱着柱子唱起了情歌。而宦官贾举则一副"君上在干啥你懂得"的样子，屏退了国君的守卫，彻底解除了齐庄公的安保。

齐庄公终于觉得有点儿不对劲，因为太安静了，气氛尴尬得有些诡异。结果，美丽的崔夫人没等来，等来的是一群手拿利刃的壮汉。齐庄公虽然不靠谱了点，可毕竟不傻，他一个箭步蹿上了屋外的高台，不过很遗憾，他被包围了。

于是齐庄公说：哎呀呀，这个是不是有什么误会啊？你们把刀放下，放了我好不好呀？拿刀的人说：我等奉命捉拿淫贼，放不了！

齐庄公又说：哎呀呀，寡人知道错了，你们把崔大夫找来，我跟他发誓，以后再也不敢了好不好呀？拿刀的人说：崔大夫病得起不来，没法见你啦！

齐庄公最后说：哎呀呀，刀砍在身上很疼的，让我自己去太庙自杀总行了吧？拿刀的人说：哪那么多废话，你当菜市场买菜还带还价的？

齐庄公一看谈判无效，一个助跑，从高台飞向墙头。眼看一条腿已经搭上了墙头，即将上演胜利大逃亡，结果突然间屁股上中了一箭，翻身落在地上，被一拥而上的杀手剁成了肉泥。

杀了这个忘恩负义的人后，崔杼终于出了口恶气，于是他找来齐国的史官太史伯，说：国君病死啦，你记录一下吧！

太史伯把随身的竹简拿出来说：已经记完了——崔杼弑其君。

崔杼一看，你这是生怕我不能留名青史吗？杀了！

因为史官是世袭的职业，于是崔杼又找来太史伯的两个弟弟，结果这哥俩都不肯按崔杼所说的写，也被当场杀掉了。最后，崔杼找来全家最小的弟弟太史季，威胁说：你三个哥哥的尸体就在这儿，就问你怕不怕？

最小的弟弟吓得哭了起来，说：呜呜呜……怕。

崔杼说：哼，知道怕啦？那你知道怎么写吗？

太史季小弟弟一边哭一边说：已经……写完了——崔杼弑其君！

崔杼无语了，他可以杀光所有的史官，却改变不了他们职业的操守和坚持，只好叹息一声说：算了算了，被你们打败了，相信后世会有人体谅我的苦衷的。

当太史季小弟弟吃力地捧着厚重的竹简走出血流遍地的大门时，迎面遇到了居住在齐国南部的史官家族中的南史氏，他正捧着竹简急匆匆地赶来。

看到太史季活着走出来，南史氏长出一口气说：我怕崔杼把你们杀光就没人记录事情的真相，所以刻好了竹简赶来，既然已经记完了，那我就回去啦！

这就是文天祥《正气歌》里所写的："时穷节乃见，一一垂丹青。在齐太史简，在晋董狐笔。"

"秉笔直书"这个由一顶"绿帽子"引出的成语，背后竟然体现了史家的气节和操守，让我们不得不惊叹于历史的丰富与深刻，并不比任何文艺作品来得平淡。

董狐笔

《左传》记载，晋灵公残暴贪财，作为正卿的赵盾多次苦劝，晋灵公不但不思悔改，反而刺杀赵盾。赵盾只好选择流亡。刚走到边境，听说晋灵公已经被自己的亲戚赵穿杀死，于是就返回了。晋国的史官董狐以"赵盾弑其君"记载此事，赵盾表示自己并不知情。董狐却说，你是一国的执政，虽然逃亡在外，但是还没有出国境线，晋国发生的任何事你都是第一责任人。作为臣子，君主被杀而不讨伐反贼，弑君的罪名你是跑不掉的。

这就是中国古代史家的风骨，连权臣赵盾也没有办法更改。

第十四篇

二桃杀三士

这个剧本有问题

齐庄公被杀了之后，他的异母弟弟杵臼被立为国君，这就是历史上的齐景公。崔杼虽然大权独揽，但崔氏家族也很快在内斗中集体出局。之后的齐国政坛陷入了连年混乱之中，直到十六年后，齐景公才终于走出了权臣干政的困境。

"二桃杀三士"这个成语，说的是齐景公在位时，一个关于数学学得好，杀人不用刀的故事。

当时齐景公手下最有名的大臣，就是春秋时期著名的政治家、思想家、外交家晏婴。史籍记载晏婴身高不满六尺[1]，先秦时的一尺约等于二十三厘米，也就是说晏婴的身高应该不到一米四，堪称人类智慧浓缩的精华。

有一天晏婴上班的时候，在路上遇到了齐景公手下三位功勋卓著的猛将——公孙接、田开疆和古冶子[2]。晏婴经过三人的时候为了表示敬意而小步快走，这种礼节在古代叫作"趋礼"。

1.《史记·管晏列传》。
2.《晏子春秋·内篇谏下·第二十四》，下同。

趋礼是古人对他人表示敬意的一种礼仪，臣子对君主、学生对老师、晚辈对长辈、地位低微者对地位高贵者时常常会用到[3]。但是晏婴的敬意没有获得对等的尊敬，三个人对晏婴的"三讲四美"毫无反应，径直就走过去了。

于是晏婴见到齐景公的时候说：臣听说真正的勇士，应该是品德好，懂礼貌，能力强，觉悟高，可您手下那三位一样也不占，留着一定是祸害，不如趁早把他们干掉。齐景公虽然觉得很有道理，不过担心地表示，这三位战斗力太强，打又打不过，不好下手怎么办？晏婴却说：不过是一根筋的武夫，骄傲自满不懂礼让，正所谓武功再高，也怕阴招，就算三猛士武力强大，且看微臣如何运用智商碾压。

晏婴让齐景公弄来两个桃子，然后把三猛士叫过来说：君上赐给你们两个桃子，你们就按照勇气和功劳大小来分桃子吃吧！

三猛士中的公孙接反应快一点，三个人分两个桃，就算没学过算术也知道除不开啊！要是谁没分到桃，那不就成了没有功劳缺乏勇气了吗？于是他第一个说：我打死过野猪和老虎，这应该能吃个桃吧？然后站起身拿了一个桃。

田开疆反应略慢一点，接着说：我曾两次带兵打败敌军，以我的功劳，也能吃个桃！于是也站起来拿了一个桃。

第三位古冶子反射弧最长，盘里的桃都让人拿没了他才说：有次我护送国君过黄河，一只巨龟叼走了国君的御马，我在不会游泳的前提下，跳进黄河，潜在水下逆行了百步，又顺流漂了九里，才终于斩杀了惊吓国君的巨龟，夺回国君的御马。当我一手夹着巨龟的头，一手拉着国君的御马从河里跳出来的时候，围观的百姓还以为河神显灵了呢！我这么大的勇气和功劳，你们俩好意思拿桃

3.《礼记·曲礼》。

吗？说着拔剑而起。

公孙接、田开疆一听这战斗经历老厉害了，相比之下自己那点事迹真是拿不出手，所以羞愧难当地说：唉，我俩的勇气和功劳都不如你，却只知道抢桃，真是无颜再活下去了！于是两人把桃放回去，拔剑就抹了脖子。

古冶子一看，兄弟俩如此仗义，我怎能落后啊？于是也抹了脖子。三位武力超群的猛士就这样死在了一道小学级别的应用题上。如果让他们玩《水果忍者》的游戏应该都过不了关，因为三个大男人，居然都不知道水果还可以切开这回事。这个故事，记载在《晏子春秋》一书中，被千载传诵。在洛阳出土的一座西汉古墓里，还绘有二桃杀三士的壁画 [4]，可见这个故事的流行。

一直以来人们都认为这个故事是称赞晏婴的足智多谋。但诸葛亮平生最爱吟的一首乐府诗《梁甫吟》却写道："一朝被谗言，二桃杀三士。谁能为此谋，相邦齐晏子。"诗仙李白在《惧谗》一诗中也有"二桃杀三士，讵假剑如霜"的句子，意思就是谗言和阴谋比剑还锋利，比霜还寒冷。看得出作者对晏婴充满不满和讥讽，并对三士的死给予极大的同情。

这个故事的确有点奇怪。作为一代名臣，晏婴就因为三个猛士不回礼这么点小事就怀恨在心，然后公报私仇用桃子陷害他们吗？作为国君的齐景公，为什么会支持晏婴的做法？三位猛士怎么就为了两个桃子内讧到非要抹脖子的程度呢？事情的发展一定超出了很多人的想象，大家觉得难以理解和接受。接下来我们就一一探究这里面的细节。

首先，整个故事的逻辑有巨大的漏洞，剧情前后脱节，情节转折过大不合理。故事的前半部分，三位猛士的人设就是晏婴所说的，头脑简单，不知谦让，

4. 洛阳老城西北汉墓壁画。

有了功劳就吹，见到桃子就抢，完全就是道德低没素质的莽撞人形象。

可故事的后半部分，三位猛士的灵魂突然就受到了莫名的洗礼和升华，礼让谦虚得一塌糊涂，退回桃子不说，还羞愧得自杀谢罪。这剧情简直是神转折，人设崩塌得让人猝不及防。

其次，剧本痕迹太重，可操作性极低。故事里描绘的是晏婴凭借高智商设置了一个连环计，不费劲地让三位猛士争功最后导致内讧。可在实际操作中，剧情真的就一定会按照设计好的剧本发展下去吗？

比如，古冶子保护国君杀巨龟的剧情的确更拉风一点，不过和田开疆领兵打仗相比就一定高吗？这种比较没有客观的标准，凭什么能让其他二人心服口服地退桃自杀？

而且这三位就一定会争这两个桃子吗？

按理说三人都是同一领域的精英，业务口重合，共同语言也多，估计私下里也没少在一起交流，喝酒撸串的时候能不吹一吹自己的勇气和功劳吗？更何况彼此都知根知底，平常说不定在酒桌上就已经论过谁功劳最大，那分桃的时候也就根本不用争了。就算真的要争，万一是功劳最大的那个人先说，功劳最小的人后说，这样最后说的人没分到桃也合情合理，晏婴怎么就能保证三猛士中功劳最大的古冶子一定会最后开口呢？

而且退回桃子也就罢了，为什么一定要抹脖子自杀？公孙接和田开疆又为什么一定要同时自杀？古冶子看到这两位自杀为什么非得也跟着自杀？这三位好歹是能带兵打仗的人，能出任将领，光靠勇猛也不够，智商总不至于是负数。

以上重要节点只要有一个发生变化，最后就无法达到"二桃杀三士"的效果。而存在如此多变数的计划，真的还能称得上是一个计划吗？这其中的逻辑漏洞和不可控因素实在太多，连古人也觉得这个故事说不通。

明代大文学家冯梦龙在写《东周列国志》这本小说时，对这个故事进行了改编和调整。

第一，桃子不是两个而是六个。也不是随随便便拿出来，而是在接待鲁国国君的宴会上。两国国君和相邦吃完四个桃子后，剩了两个让三位猛士争，而且这桃子不是普通的桃子，是三十年才结六个的金桃，稀缺性仅次于王母娘娘的蟠桃，这是为了铺垫一个必须争抢的逻辑前提。

第二，三猛士不是普通的同事关系，而是结义兄弟，三人组团的终极目标就是不求同年同月同日生，但求同年同月同日死，构建一个你死我也死的必要条件。

第三，调整了一下发言和自杀的顺序。有军功的田开疆最后一个发言，因为他的功劳更让人信服。然后他第一个自杀，营造一种不堪受辱自杀的氛围，再结合上一个条件，所以剩下的两个人也就跟着自杀了。

这么一调整后，故事的逻辑是不是就通顺多了？

当然，《晏子春秋》是一部用史料和民间传说汇编而成的历史典籍，并不能完全当作信史来看待，不过我们还是可以从中获得一些隐含的历史信息。

晏婴为什么要除去三位猛士呢？

当然不是公报私仇，而是三位猛士的所作所为和晏婴的治国理念发生了冲突。之前的齐国连年内斗，对后来的执政者产生了极大的警醒和刺激。为了保证政局的稳定，晏婴的治国主张一向是以礼治国，极度重视礼法和规则。而战功卓著的三位猛士绝不只是缺乏礼貌那么简单，这从齐景公的反应中也可以得到侧面证明。当晏婴说要除掉三人时，作为国君的齐景公连句劝阻的话都没有，直接说这三人不好搞定，可见一定有什么没记录在册的事，让齐景公也感到三人非除不可。

还有一种说法认为，齐景公时代，齐国的田氏一族势力急剧膨胀，已经到了要独霸朝堂、威胁君权的地步；而田开疆很可能就是田氏一族的爪牙，三猛士之间的关系可能也不错。那么为了国内政治势力的平衡，晏婴和齐景公联手做掉三人，也是完全有可能的。

至于到底是用桃子还是别的，我们就只能在怀疑中选择相信了。

所以历史不存在绝对的精确和完整，不要觉得史书里记载的都是板上钉钉的真理，我们只能用尽可能客观的证据，加上严谨的推理，去慢慢探寻历史迷雾后的真相。

第十五篇

疲于奔命
夏姬的死亡笔记

夏姬，姬姓，本是郑国国君郑穆公的女儿。这个妹子的美丽我们无法亲眼见证，不过只要看看比一卷卫生纸还长的受害者名单，就可以窥知一二了。后世的无数文人墨客、史家学者，都穷尽文字之功去想象她的美丽和妖艳，因为祸水有多致命，红颜就一定有多动人。

为了突出她的传奇经历，甚至很多民间传说里还赋予了这个女子容颜不老的特异功能。传说中夏姬的第一位情人，竟然是自己同父异母的兄弟公子蛮。而这位情人兼哥哥在三年后离奇死去，成了夏姬的死亡笔记里写下的第一个名字，更引起了普罗大众对这样一位"祸水"的想象。

成年后夏姬远嫁陈国的司马夏御叔，生了一个儿子叫夏徵舒[1]。十二年后，夏姬的老公又死了，死亡笔记里又多了一个名字。

但是一个老公倒下去，三个情人补上来。这三位都是陈国的重量级人物，大夫孔宁、仪行父，还有他们的国君陈灵公。

1.《清华简＜系年＞》中记载夏姬嫁的是夏徵舒，本书采用《左传》的说法。

三人兴趣小组自从成立后，那真是同呼吸，共命运，上班一起来，下班一起走，关系好得不要不要的。发展到后来，三人竟然在上朝的时候，将夏姬的亵衣（先秦版的女士内衣）穿在朝服底下。君臣三人还在一国朝堂上公开炫耀战果，交流心得，切磋经验。

陈国有位叫泄冶的大臣实在看不过眼，就劝谏陈灵公说：国君和重臣在朝堂上讨论这个玩意，那老百姓还好得了吗？赶紧停止吧！陈灵公马上认错说：好好好，寡人改，寡人改。

下朝后又到了三人兴趣小组的课后活动时间，陈灵公跟孔宁和仪行父说：刚刚上朝时，那个泄冶说咱们这样很不成体统，怎么办呀？孔宁和仪行父说：哎呀，泄冶说得对，这事的确不好弄，不过好在泄冶好弄，我们把他弄死吧！陈灵公表示默许，于是孔宁和仪行父把劝谏的泄冶给杀了，从此陈国再也没人敢规劝他们[2]。

但三个人似乎都忘了一件事，夏姬的丈夫死了，可她的儿子还在一天天长大。

终于有一天，三人组又来到夏姬家饮酒作乐，正好夏徵舒从门口走过，陈灵公看到了就借着酒劲对仪行父说：你看这夏徵舒，长得挺像你的啊！仪行父也十分凑趣地说：要我说，长得更像君上你才对啊[3]！

然后几个人，哈哈哈哈吼哈哈哈哈嘿，笑得非常开心。

可惜，夏徵舒并不开心。这三位母亲的情人没事在眼前晃已经够堵心的了，现在还拿自己开玩笑，真是忍无可忍。于是，当三位酒足饭饱出得门来，无须再忍的夏徵舒埋伏在外等个正着，一箭射死了硬要冒充自己爸爸的陈灵公。陈

2.《左传·宣公九年》。
3.《左传·宣公十年》。

灵公也就成了夏姬死亡笔记里的第三位[4]。

弑君后的夏徵舒在陈国自立为君，却没想到侥幸逃亡楚国的孔宁和仪行父引来了春秋霸主楚庄王。当时楚庄王对陈国垂涎已久，就借机出兵陈国。攻破国都后，弑君的夏徵舒被车裂，夏姬死亡笔记里的第四个名字，就是她自己的儿子。

楚庄王本是为了陈国而来，结果在见到夏姬之后，一代霸主也有点把持不住，寻思将这妖女收了吧。眼看夏姬的死亡笔记里就要再添一位大国国君的名字，这时候楚王的同族，同时也是申县县令的巫臣站出来说：大王，您是为了陈国的秩序与和平而来，如果收了这个妖女，那我们这次兴师动众的军事行动变成什么了？这不利于您的光辉形象啊[5]！

楚庄王还是比较有追求的，一想这么操作的确有点不靠谱，更爱江山的楚庄王只好放弃到手的美人。

没承想楚庄王的弟弟司马子反跳出来说：大王要形象，我不要啊，那就让我来收了这个妖女吧！

巫臣又站出来苦劝道：这位同僚你醒醒，这妖女克死了哥哥，害死了丈夫，害死了情人，害死了儿子，逼走了两个大夫，灭亡了一个国家，走哪里都死人，如此不祥之人，你确定你能消受得起吗？于是子反怕了，放弃了这个念头。

楚庄王就问：在场的还有人想要吗？大臣们都一起摇头，说得这么邪乎，谁敢要啊？可是这么漂亮的妹子放着也太浪费了，正好有个大臣叫连尹襄老，这天他请假，楚庄王想想：得了，反正他丧妻多年，就许给他吧。在场的人本

4.《史记·陈杞世家》。

5.《左传·成公二年》。

着"死道友不死贫道"的心态一致表示同意。

于是夏姬成了不在场的无辜群众连尹襄老的妻子。结果在晋楚邲之战中，这位其实并不老的连尹襄老在胜利后打扫战场的时候被晋军一箭射死了，就这么莫名其妙地成了死亡笔记里的第五人。

楚国朝堂上一片哗然，都说巫臣这嘴简直开了光了。可有人还是不信邪，这次接手夏姬的人，就是连尹襄老的儿子黑要[6]。但谁也没想到，一直义正词严让大家不要靠近夏姬的巫臣，竟然秘密给夏姬传来一个消息说：我给你制造机会回郑国，然后我去郑国娶你。这心机和套路，简直比马里亚纳海沟还深啊！

当然对夏姬来说，能回娘家肯定是最好的，于是她在巫臣的安排下，找借口回到了郑国。公元前589年，巫臣一直等到楚庄王死后，才找到卷铺盖跑路的机会。他借出使齐国的机会，脱离队伍带着夏姬一溜烟跑到晋国去了。因为当时的天下，敢对抗楚国收留他们的，也就只有晋国了。

这趟私奔可把楚国人气炸了肺，子反首先感到很受伤。国君新丧、大臣叛国不说，关键巫臣当初不让大家娶夏姬，原来是想自己截和啊！于是，子反联合与巫臣有旧仇的令尹子重，把巫臣留在楚国的族人杀光，顺便把连尹襄老的儿子黑要一家也给杀了，估计是吃不到葡萄就拆葡萄架的心理吧。这下子死的人太多，名单太长，夏姬死亡笔记小本本里都记不过来了。

本来只想安静过小日子的巫臣听到这个噩耗，给子反写了封信，上面写下了一个男人复仇的誓言："余必使尔罢于奔命以死。"就是说你等着，累不死你算我输！接下来他出使吴国，带去了晋国先进的生产技术和军事技能。装备升级的吴国开始不断地进攻楚国，而每次边境有事，子反和子重都得带兵去救援，

6.《左传·成公七年》。

最频繁的时候，一年之中率领大军往返奔波竟达七次之多，真的是活活累到吐血。

也正是因为这件事，吴国在春秋后期迅速崛起，成为楚国的心腹大患。

夏姬十几岁出嫁，在陈国约二十年，入楚十一年后与巫臣私奔，都说她风流招男人，命硬克丈夫，可嫁给巫臣后却平静地走完一生，死亡笔记里再也未添一人，这是为什么呢？可能是因为只有嫁给巫臣这次，才真正是夏姬自己做出的选择吧！

而巫臣为了她谋划苦等了十一年，比争夺古希腊第一美女海伦的特洛伊战争还多一年，看来夏姬的魅力才是无与伦比的！

巫臣私奔

公元前 589 年，楚共王派巫臣到齐国访问，巫臣乘机把自己的家室财产全部带走，准备和已经回到郑国的夏姬私奔。

楚国的年轻大夫申叔跪和年迈的父亲申叔时此时正要去国都，在路上与巫臣相遇。申叔跪看到巫臣后说：真是奇怪啊，这个人有肩负重要军事使命的警惧之心，又有《桑中》一诗所说的男女欢恋之色，大概是偷偷地带着妻子逃跑吧。

不出申叔跪所料，巫臣果然领着夏姬跑到了晋国，被任为邢邑大夫，为"楚材晋用"做了注脚。

第十六篇

卧薪尝胆

逆袭的代价

先秦成语大会

清代文学家蒲松龄参加科举考试屡试不中，曾经为了给自己的复读生涯鼓劲打气，写下了一副励志自勉联，"有志者事竟成，破釜沉舟，百二秦关终属楚；苦心人天不负，卧薪尝胆，三千越甲可吞吴"。这副对联开始刻在铜尺之上，后悬置于蒲松龄的书屋聊斋之中。

当然，蒲松龄最终也没有考中，却诞生了中国文学史上的经典《聊斋志异》，这副对联的励志效果也影响了后世千千万万的人，蒲松龄老师写小说的功力一流，熬鸡汤的功夫也是一级棒。对联中提到的两个典故，都是历史上身处绝境不放弃希望并且完成逆袭的经典案例，而其中"卧薪尝胆"这个成语，说的就是一个为了东山再起，什么罪都肯受的逆袭故事。

公元前 506 年，吴王阖闾在兵圣孙武和复仇者伍子胥的辅佐下，率军攻破了楚国的都城郢[1]。称雄华夏南部的楚国，和北方巨无霸晋国抗衡多年的楚国，从来只知道欺负人不知道什么叫被欺负的楚国，竟然被人攻破了都城。

1.《史记·吴太伯世家》，下同。

这一切的发生，都从一个使团来到吴国开始。

公元前 584 年，即晋景公十六年，因为带着夏姬一起私奔而导致全家被杀的申公巫臣为了报仇，献上"疲楚"战略，打算在楚国后方给楚国人找点不痛快。当然，这时候他已经不再是楚国申县的长官，按照先秦时期对男子称呼的规则，本为芈姓、屈氏的他，这个时候应该被称作屈巫。他在征得景公许可后出使吴国，带去了晋国的先进技术与经验[2]。经验值暴涨的吴国实力等级飞速蹿升，开始成为楚国后方的心腹大患，也成为楚国人心目中偏远落后又讨人厌的野蛮人。

但是，苍天饶过谁？

吴国后方也有个不安分的邻居，那就是比吴国更偏远、更野蛮、更讨人厌的越国。越国没事总在吴国大军出门揍楚国人时来后方骚扰挑衅，不断地在挨揍的边缘试探，让吴国也体会到了楚国人疲于奔命的痛苦。于是不堪其扰的吴王阖闾也怒了，决定彻底废掉这个扯后腿的烦人精，所以于公元前 496 年兴兵进攻越国，双方在槜李[3]展开大战。

战斗开始后，越国军队派敢死队三次冲击吴国军阵都无功而返，于是越王勾践采取了一种非常具有行为艺术的战术，他找监狱的犯人组成了三支小队，不穿盔甲也不带盾牌，就这么手举短剑横在自己脖子上，排着整齐的横队往前走。

吴国人很奇怪，这是什么情况？不穿防具当敢死队我们倒是可以理解，不过你们手里就一把短剑横在自己脖子上是什么造型？难不成是想劫持自己来威胁我们？想不通啊想不通，整个吴国军阵都陷入了深深的思考中。

结果越国人走到吴国军阵前说：我们这群有罪之人，反正都是要死的，干

2.《左传·成公七年》。

3. 今浙江嘉兴南。

脆就直接死这儿吧！然后第一排集体抹脖子自杀，接下来第二排，第三排……战场上你死我亡本很常见，但是这么多人冲到敌人面前，集体死给你看的壮观场面还是太匪夷所思，吴国君臣瞬间大脑死机，呆立当场，估计都在思考同一个问题：这帮越国人到底是弄啥嘞？趁吴军发呆看热闹的工夫，越军乘机冲杀，大败吴军，吴王阖闾也在战斗中受了重伤。

越王勾践这种大开脑洞的战法的确独树一帜。听说过自杀式袭击，但能把自杀和袭击拆成两个动作的，还真是第一次见到。吴王阖闾弥留之际，也觉得自己死得有点冤枉，就拉着太子夫差的手说：儿啊，你能忘记勾践杀了你老爸这么大的仇吗？

杀父之仇不共戴天，国仇家恨岂能忘记？所以吴国太子夫差继位后，除了留用破楚功臣伍子胥之外，还任命大夫伯嚭为太宰，每日里带领士兵刻苦训练，立志为父报仇。

越王勾践听说后，不顾大夫范蠡的劝阻，决定先下手为强。不过这次吴国军队有经验了，不劳自杀了，放着我们来就行！吴军这一认真，勾践就顶不住了，越军战败，勾践带着五千人马被吴军团团围困在会稽山。走投无路的勾践派大臣文种去向吴国求和，表示越王愿意亲自带着妻子大臣到吴国做牛做马，吴王夫差觉得可以接受，但是相邦伍子胥不同意。

投降被拒绝的勾践一想：得了，这次该我表演自杀给吴国人看了。于是准备把老婆孩子都杀了，把国宝细软都烧了，然后去跟吴国人玩命。文种却阻止勾践说：先别急，还有机会！吴国的太宰伯嚭特别贪财，我们要是贿赂他，说不定能成功。

于是勾践派文种用财货美女贿赂伯嚭，果然收到了效果。伯嚭在吴王夫差面前替越国说好话：这越国就剩这点人了，逼急了玩命我们也难受不是？不如就让他们投降吧！伍子胥依然反对，但夫差也觉得越国已经无须在意，就同意越国臣服的请求，宣布撤军[4]。作为被征服者，越王勾践带着妻儿和文种、范蠡等大臣，到吴国去当人质[5]。

吴王夫差就在自己老爹的陵墓旁修了个破石头房子，让勾践一行人住着给自己老爹守墓来赎罪，也算报了杀父之仇。除此之外，夫差还让勾践给自己当起了专车司机，勾践夫妇每天穿得破破烂烂，白天养马洗马赶马，晚上住在石头房子里守墓。而春秋时期的一代名臣、日后的资产大鳄、传说中的文财神范蠡也只能像奴仆一样干着保洁和勤务工作，而且服务态度良好，客户体验一流，如此谦卑和恭顺，终于赢得了夫差的初步信任。

但没人会甘于卑微，以屈辱为乐，这一切的隐忍都是为了有朝一日能重返故国，找一个东山再起的机会。所以，还需要再卑微一些。

有一次吴王夫差生病了，范蠡算了一卦，然后就跟勾践说：大王，你去吃屎吧！

勾践不解地问：你怎么说话呢？

范蠡说：大王，吴王这病挺长时间了，我估计是快好了。如果大王你去求见的时候搞点吴王的便便来尝尝，然后就说根据占卜显示，吴王的病就要好了，吴王这一激动，我们就有回国的机会了。

也不知道勾践是如何说服自己的，总之他的确申请去探望生病的吴王。走到门口刚好迎面碰上伯嚭端着夫差的便便出来，勾践抓了一把就吃，然后大声

4.《史记·越王勾践世家》。
5.《吴越春秋·勾践入臣外传》，下同。

说，恭喜吴王，病就要好了！吴国君臣被勾践的行为艺术搞得有点蒙圈，奇怪他是怎么得出这个结论的。勾践马上开始一本正经地扯淡说：下臣有罪之人勾践曾经和一个擅长闻屎味的人学习过，这个便便的味道啊也要顺应时令，大王病了这么久，我今日一尝才发现，大王的便便还是原来的配方，还是熟悉的味道。恭喜大王，这病马上就要好了！

内心复杂的吴王夫差感慨地指着勾践说：真是好人啊！于是彻底相信了勾践的臣服之心，很快把他们君臣释放回国。

可叹夫差还是太傻太天真！

首先这世上即便真有擅长闻屎味这种奇才存在，那贵为一国之君的勾践到底出于什么思路去学这门技能呢？就算真的学过这种神奇的理论，可纸上得来终觉浅，绝知此便要躬尝，勾践还有过练手的机会吗？

当然不会有。这是勾践在表达一种彻底臣服的态度：试想我连这么重口味的事情都做得出来，我的臣服还不够有诚意吗？

所以，夫差就相信了。

得以重返越国的勾践，在范蠡和文种的辅佐下，鼓励生育，积蓄力量，与百姓一起劳作，与士兵一起训练，而且每天都要提醒自己在吴国受到了多大的屈辱。虽然成语里说的是勾践卧薪尝胆，但在《左传》《国语》和《史记》中关于勾践的记载里并没有睡草垛的情节。这个梗是苏轼自己开脑洞加上的[6]。

苦胆的味道的确糟糕，不过比起勾践之前尝过的物什，那绝对是小意思了。按照《吴越春秋》的说法，勾践尝苦胆除了励志，更主要是为了中和一下嘴里的味儿，因为勾践得了口臭。所以范蠡就让臣子们每天上班前先嚼点"岑草"，

6.《拟孙权答曹操书》。

也就是鱼腥草[7]。从这个东西的名字就知道它大概是什么味道了，目的是不能让大王一个人嘴里有味，要口臭咱们一起臭。

勾践采用文种的计策，一边积聚越国的力量，一边消耗吴国的国力，送西施用美人计瓦解吴王的意志，用金钱腐化吴国的朝堂，用珍宝怂恿吴国大兴土木，用反间计挑拨吴国君臣关系，最后吴国灭楚的功臣伍子胥被赐死。

而这时的吴王夫差自以为后方安稳，开始争霸中原。

公元前484年，夫差在艾陵之战中全歼齐国十万大军。

公元前482年，夫差带领吴军主力北上参加黄池会盟，与晋国争夺中原霸主之位。

然而就在夫差北上会盟，国内空虚之时，隐忍多年的勾践率军突袭吴国，夫差急忙带兵回援，结果人困马乏的吴军无力反攻，只好向越国求和，勾践觉得一下子灭吴也不太现实，就答应了吴国的求和。但是从此吴越两国攻守易位。

公元前476年、前475年，勾践两次进攻吴国。公元前473年，越国最终打败吴国，逼得夫差自杀。勾践灭吴后，称霸东南，威震中原，所以也有人把他定为春秋的最后一个霸主[8]。

其实在这个故事里，还有很多的彩蛋可以挖掘，比如：

第一，夫差为何不趁机灭亡越国呢？

后世很多人复盘这段历史时，都认为夫差错在不该接受勾践的投降。其实阖闾和夫差两代吴王攻越，都是为北上争霸中原服务的。打越国只是为了安定后方，所以越国的臣服对夫差来说已经足够，只是他没料到勾践会触底反弹罢了。

7.《本经逢原》。

8.《荀子·王霸》。

第二，勾践为何只能同患难不可共富贵呢？

按照司马迁的逻辑，灭吴后范蠡察觉到越王勾践人品堪忧，所以就急流勇退先撤了，留下文种不懂兔死狗烹的道理，结果被勾践赐死，这完全是勾践个人道德品质的问题。

但换一种思路来看，吴越争霸之时已经是春秋的尾声，在"礼崩乐坏"的时代大背景下，各国内部都出现了君主和其分封的臣子之间的斗争。北方传统霸主晋国有"六卿"[9]执政架空国君，东方礼仪之邦鲁国有"三桓"[10]横行赶跑国君。

所以对功劳如此之大的文种和范蠡，越王勾践既不能不赏赐他们，又不想裂土封侯来酬谢，如此为难之下，范蠡的抽身而退本质上就是为越王勾践解决难题：不是君上你不封赏我，而是我自己不要。

但是文种的留下就让越王勾践陷入了无解的困境中，所以当范蠡给文种留下"兔死狗烹，鸟尽弓藏"的提示后，文种决定称病不上班，但立刻有人去勾践面前打小报告，说文种因为没得到封赏心怀不满想造反。

公元前468年，鲁哀公不满"三桓"专权，打算请越国出兵讨伐，结果被"三桓"先下手为强，鲁哀公只好先逃到卫国，后逃入越国。而越王勾践担心文种可能会谋反，并没有派兵支援鲁国[11]。

君臣之间陷入无法解开的死结，那也就必然以一方的死亡而告终了。

第三，千古传颂的西施结局如何呢？

9.统指春秋时期晋国的三军将佐，后特指中行氏、范氏、智氏、韩氏、魏氏、赵氏六大家族。

10.指鲁国卿大夫孟孙氏、叔孙氏和季孙氏。由于三家皆出自鲁桓公之后，所以被称为"三桓"。

11.《吴越春秋·勾践伐吴外传》。

关于这位美人的结局有五六种不同的传说，大多都是西施死了，区别无非是死法和下手的人不同而已。然而坊间流传最广的却是范蠡带着西施跑路，泛舟湖上，从此幸福快乐地生活在一起 [12]。

不过流传最广的可能也是最不可信的。这更多的是后世文人出于同情心而创造出来的文学想象，为了迎合世人大团圆结局的审美心理罢了。

12.《吴地记》。

第十七篇

田氏代齐

如何挤走董事长

周初确立的宗法分封制到春秋时期已经逐渐崩坏，天子成了庙里的泥菩萨，诸侯国之间吞并攻伐不止，各诸侯国内众家族内斗不休，甚至出现了臣子架空君主，挖墙脚撬地基，最后鹊巢鸠占的情况。

"田氏代齐"说的是一个家族通过八代人的努力，历时三百年，最后成功霸占全额股份顶包成为董事长的故事。

武王灭商之后，功臣中排名第一的姜太公，按照先秦时的全称应该是姓姜氏吕名尚字子牙，被分封在东海之滨物产丰富的齐国。

按照宗法分封原则，国君和臣下之间的关系并不是绝对的领导和支配关系，更像是一个联合经营的股份制集团公司。国君理所当然占有最大的股份，所以齐国东海集团董事长世世代代都应该是姜姓吕氏来担任。国君之下的卿大夫就像董事会，根据持股份额不同享受不同的待遇，承担不同的义务，再往下还有无数的小股东和散户。

可是这一切都随着一个家族的到来而改变了。当时还是齐桓公和管仲这对黄金搭档，带着齐国东海集团称霸整个春秋市场的时代。南方的陈国发生内乱，一位公子举家躲到齐国，这个人就是田完。

田完，也称陈完，春秋时期陈国公族，陈厉公妫跃之子，为了躲避陈国的内乱带着家人逃到了齐国。齐桓公一看这家人怪可怜的，就说：那你来吧，寡人给你股份，你来当个主管。可田完很清醒，推辞说：咱东海集团家大业大是不假，可我只是个新入市的散户，又不是什么融资大鳄，平白无故拿那么多股份容易招人恨啊！齐桓公一想觉得也对，就让田完当了齐国的工正，是个管理工程建设的官[1]，相当于负责公司的后勤保障、物业管理和园林绿化等工作，勉强也算是个中层管理人员。

当时陈国有个股东懿氏在公子完成年时，想把女儿嫁给田完，就提前算了一卦，占卜结果显示这个人的命非常好，将在姜姓之国不断成长。五代之后就要发达，成为董事会的一员。八代之后，地位之高没人比得上。这么吉利的结果，婚事当然很顺利就促成了。

可这位股东懿氏并不知道，田完出生的时候，陈国国君也给他这个儿子算过一卦。卦象显示他以后要当一国的董事长，却又不是在陈国，而且不是他本人当，一定是在姜姓董事长的国家才可以实现[2]。两次不同的占卜，卜辞竟然惊人地相似，真是让人不相信都不行。

一开始田氏在集团内并不起眼，毕竟排名在他之上的股东一抓一大把。不过田氏家族却很有心机，在默默发展自己的同时，还不忘煽风点火、推波助澜，不断地挑动董事会成员之间的股权斗争，让那些大股东自相残杀，自己好从中

1.《左传·庄公二十二年》。
2.《史记·陈杞世家》。

渔利。

公元前 548 年，崔杼杀害齐庄公，公子杵臼即位为景公。

公元前 546 年，庆封灭崔氏之族，庆封专齐政。

公元前 545 年，田完的四世孙田无宇与鲍氏、栾氏、高氏合力消灭齐国当国的庆氏，之后田氏、鲍氏又联合起来灭了栾、高二氏。

简单来说就是，当时东海集团最大的几个股东，我们就称其为甲乙丙丁吧。田氏先联合甲乙丙，干掉了股份最多的 CEO 丁，共同瓜分了丁的股份；然后利用乙和丙之间的矛盾，田氏联合甲干掉了乙和丙。这样搞了两轮股权再分配后，头上的大股东少了，田氏也就顺理成章地成为董事会成员。

进入董事会后，田无宇并没有忙着享受人生，挥霍财富，而是接着做了两件事：

第一，收买人心。

当时齐景公在位，就是我们之前说过的"二桃杀三士"的投资方。这位董事长个人生活奢侈，特别喜欢装修自己的办公室，于是对人民征收很重的赋税。齐景公私人仓库里的布匹和粮食都腐烂生虫，但是普通散户的生活却已经过不下去了。田无宇把那些流亡在外的姜姓公子公孙召回国内，恢复他们原有的股份和待遇。这些人虽然都是小股东，却都是董事长的亲戚，甚至有概率成为下一任的董事长，田氏的做法赢得了董事长亲友团的支持。

同时田氏家族开始狂送福利，吸粉营销，没事就给老百姓送粮食。田无宇的小儿子田乞更是个数学天才，他用大斗往外借粮食，却用小斗往回收粮食，真是见者有份、转发有奖，田氏的粉丝数疯狂暴涨，那些对姜姓董事会不满的齐国底层散户纷纷转而支持田氏家族[3]。

第二，继续挑动董事会成员之间的斗争。

景公去世后，留下了两位副董事长国惠子和高昭子辅佐年幼的董事长即位，田氏家族假装拥护两位副董，热心侍奉，暗地里却在股东中间挑拨关系。

他对两位副董说：底下的股东最开始都不支持这个董事长，您两位执政后，人人自危打算搞事情。两人一听那还了得，赶紧武装起来防备他人的偷袭。两位副董一有动作，田乞转过脸来又对其他股东说：两位副董都武装起来了，太可怕了，估计是要收拾咱们，不如我们先下手为强吧！

于是田氏又联合鲍氏等股东，冲进总部赶跑了两个副董，重新立了一个新董事长齐悼公[4]。这么一来田氏家族就爬到了副董之位，属于绝对的核心领导层。四年后，田氏又利用鲍氏和齐悼公之间的矛盾，挑动鲍氏弑君，成功挤掉了最后一个大股东鲍氏，独揽齐国政权。这时田氏家族的掌门人叫田常，正式出任齐国东海集团的总经理。

而此时的董事长齐简公，觉得田常这个总经理有点控制不住，准备联合别的股东把田常干掉。没想到计划败露，被田常先下手为强。蛰伏了百年，幕后玩家田氏家族终于露出了致命的毒牙，第一次站到台前，亲手干掉了董事长齐简公。

自此之后，田氏家族算是独霸董事会。

不过齐国东海集团里的元老级股东数量依然很多，大都是从初代董事长姜太公时期就入股的世代贵族。虽然田氏成为总经理，但集团内大大小小的众多

3.《史记·田敬仲完世家》。

4.《史记·齐太公世家》。

职位和部门还是控制在这群人手里。而田氏家族作为刚落户几代的外来者，在集团内部就显得人丁单薄，渺小而孤立。如何能在最短的时间内快速壮大家族，获得海量人才，就成为制约田氏家族发展的瓶颈。

若是找猎头高薪招揽人才，有了梧桐树自然能引来金凤凰。但生孩子又不是种庄稼，一颗种子下去秋天能结出满地的粮食，总得需要时间、精力甚至体力配合才行。如此迫切又棘手的难题该如何解决呢？

不得不说历史真的很有趣。

同样是在齐国，总经理崔杼被董事长齐庄公戴了绿帽子，引发了"崔杼弑其君"的惨案。可几十年后到了田常当总经理的时候，为了挤走董事长，竟然变被动为主动，众筹绿帽子来戴。

司马迁在《史记》中写了一段非常有趣的话，说田常先是在齐国境内海选了几百个身高七尺以上的美女收入后宫，却不是为了满足自己的私欲，而是广泛发动员工来搭把手。晚上田常开放整个后宫，让自己的门客手下自由出入：反正我不锁门，你们想来就来。同理，你们来了想做什么就做什么。于是在朋友们的共同努力和帮助下，到田常去世的时候，他已经有了七十多个儿子。

至于这儿子是怎么来的，大家就得自行脑补了，反正结果就是田常的"儿子们"再生儿子，田氏家族的人口迅速膨胀，逐渐挤掉了原来的大小股东，把持了齐国上下。

时间就这样一点点走过，田氏家族在齐国的统治越来越稳固，而姜姓董事长在齐国的存在感也越来越稀薄。

公元前403年，原来春秋第一惹不起的晋国西北集团、长期领先的老牌行业巨头，发生了资产重组事件。韩赵魏三位大股东一脚踢开原来的董事长，瓜分了晋国的股份,成立了三个全新的集团公司重新挂牌上市,这就是历史上的"三家分晋"。

而这时田氏家族的掌门人,刚好是田完的第八世孙,叫田和。他通过魏国的关系搭上了证监会名誉主席周安王这条线,获得了挂牌上市的正式许可。

从公元前672年田完来到齐国,到公元前386年田和被周安王正式封为诸侯,历经二百八十六年,通过八代人的不断努力,田氏家族终于挤掉了原来的姜姓董事长,正式成为齐国的国君。

三家分晋和田氏代齐,标志着西周分封原则的崩塌,被认为是春秋时期的终结,也开启了各国争霸兼并更加惨烈的战国时代。

第十八篇

班门弄斧

挖掘机技术哪家强

在先秦思想界的璀璨星空下，有两颗格外耀眼的星。他们都是伟大的发明家和科学家：一位是大国工匠，土木工程界的翘楚；一位是学术大师，理论物理学的大咖。

两人一个善攻，一个善守，他们就是木匠的祖师爷鲁班和先秦墨家学派的开创者墨子。这两颗先秦时代的最强大脑，注定要有一场宿命般的对决。

"班门弄斧"这个成语，原本是比喻在行家面前卖弄本领，常用于自谦或指他人自不量力。但如果在鲁班面前展示技术的是墨子，那就不是自不量力，而是两位大神要比一比在没有蓝翔的先秦时期，挖掘机技术到底哪家强。

我们先来介绍第一位上场的选手。

鲁班，姬姓，公输氏，名般，又称公输子、公输盘或班输，"班"和"般"同音，古时通用，所以民间多称其为鲁班，他是春秋末期鲁国人。鲁班姓姬，且有氏，照理说也是出身贵族，不过这个贵族等级应该不算特别高。

传说鲁班出身于世代工匠之家，从小就跟着家人搞工程招标、营造验收，不但称得上家学深厚，更是掌握了丰富的土木工程学理论和实践经验。鲁班今天之所以被称为土木建筑的鼻祖，那是因为很多和建筑及木工有关的重要工具，都是他发明的。比如木工建筑中必备的工具墨斗，据说就是鲁班的发明。墨斗由墨仓、线轮、墨线、墨签四部分构成，其实就是一根缠好的线轴，线上沾满墨粉。使用时在地上拉出线来，然后一弹绳子，墨粉自动落下就形成一条直线标志，既可以做水平方向的直线，还可以把墨斗吊起来充当铅坠，用来保证建筑与地面的垂直。另外，以鲁班之名命名的"鲁班尺"，也就是曲尺，自然也是鲁班的发明[1]。曲尺又称"角尺"，是木匠或装修工人的主要工具之一，主要用来校验刨削后的板材以及结构之间是否垂直和边棱成直角的木工工具。

由于这些工具自身带有的度量衡特征，中国传统文化中便常借墨斗和曲尺来代表正直、原则和规矩，所以慢慢为这些工具赋予了许多神圣的神器色彩。

古代工匠为生计到处奔波，经常需要走夜路或者露宿荒郊野岭，他们相信随身携带墨斗、曲尺等工具可以驱鬼辟邪保平安，所以鲁班这一发明后来也被风水学所吸收，甚至成为僵尸类型片里降妖捉鬼的终极法器。

除此之外，传说中鲁班还发明过钻、刨子、铲子、磨面的石磨、锁门的锁匙、攻城的器械等。几千年来，人们把古代劳动人民的集体创造和发明都集中到鲁班身上，鲁班的名字实际上已经成为古代劳动人民智慧的象征。今天中国建筑行业工程质量最高荣誉奖，就叫鲁班奖。

如果说鲁班是个技术一流的大国工匠，那墨子则是个文理兼备的学术大师，实践和理论水平都强到逆天。

1.《续文献通考·乐考·度量衡》。

墨子，名翟，生卒年不详，出生地待议。一种观点认为墨子是宋国人[2]，还有一种观点认为墨子是鲁国人[3]，和鲁班竟然是山东老乡。如果真是如此，那我大蓝翔坐落在山东不是没有道理的，这挖掘机技术强竟有如此悠久的历史传统。

当然，主流观点认为墨子应该是宋国贵族的后代，至少当过宋国的大夫。不过根据史料中对墨子和墨家学派的行事作风描写，这群人成天穿着破烂的衣服，踩着露脚趾的草鞋，日夜劳作不休，以吃苦受罪为乐[4]，看来这个所谓的贵族后代也当不得真，所以墨子被认为是第一位出身平民的哲学家，是真正的底层人民的代表。

在先秦时期百家争鸣的思想大爆炸里，墨家占有举足轻重的地位，这一点连与它争辩的对手都不得不承认，"世之显学，儒、墨也"[5]。意思是在文科生称霸思想界的先秦时代，儒家和墨家是最主流的学派，以"兼爱"和"非攻"思想为核心的墨家学派，是先秦诸子百家争鸣中的重要流派。

但墨子是个不偏科的好同学，大家都知道墨子文综总考高分，却忽略了他理综也常常满分。墨家关于科学技术方面的发明大都集中在《墨子》这本书中，其内容涉及自然、数学、力学、光学、逻辑、战争等诸多方面。今天我们在物理课本上能看到的小孔成像实验，已经记录在《墨子》当中，还有平面镜、凹面镜、凸面镜成像等共八条，所以墨子的这些光学理论，被称为"墨经光学八条"。

墨家提出的时间和空间理论，与20世纪物理学的两大支柱，即爱因斯坦"相对论"和普朗克的"量子论"都有异曲同工之处，这科学素养简直无敌到寂寞

2.《史记·孟子荀卿列传》《通志氏族略》等。
3.《墨子·贵义篇》《吕氏春秋·爱类篇》等。
4.《庄子·杂篇·天下》。
5.《韩非子·显学篇》。

的程度，所以墨子才被尊为中国古代的"科学圣人"。

除了上述高大上的理论，墨子的研究也非常贴近当时的社会实际。

先秦时期，诸侯国之间战争频繁，而墨家的核心思想之一就是"非攻"，即反对不义的战争。而墨子实现自己理想的方法不是奔走呼吁，而是直接撸起袖子上。所以很多战争中用来守城的装备都是墨家的发明，成语"墨守成规"就来源于墨家擅长守城的特征。

而鲁班恰好最擅长制造攻城的器械。一个是攻击达人，一个是防守大师，要是这一矛一盾对决一下，究竟谁更厉害呢？

感谢历史，让我们不必凭空想象，因为这两位大神真的单挑过一回。这次的碰撞记录在《墨子·公输》中：南方强大的楚国要进攻宋国，因为鲁班为楚国打造了一件威力巨大的攻城大杀器——梯子。

这么不起眼的物件也能叫大杀器？

能，太能了！

先秦时期的城市攻防战，动辄就要打个几年。一方面是春秋时期的战争规则还保有一丝贵族气质，对城市的围困往往留有余地；另一方面就完全是因为没有梯子爬不了墙，所以只能围着城等里面的人粮食吃光了投降。而梯子，让占据兵力优势的攻城方可以跨过城墙这道障碍，直接攻击城市的守护者，这大大加速了战争的进程，也加剧了战争的惨烈程度。

墨子听说后，急忙带着自己的弟子，日夜兼程赶到楚国。

鲁班见到墨子，还挺尊敬地问：先生来我这里是有什么指教吗？

却没想到墨子见到鲁班，开口第一句话就是：兄台，我在老家有个仇人，你能帮我弄死他不？

鲁班脸上开始晴转多云。墨子接着说：我给你钱，你帮我做了他！

鲁班多云转阴地回答：我是文明人、知识分子，怎么能做这种事？

墨子说：你说自己是文明人、杀一个人都不干，那你造梯子攻打宋国，得杀多少宋国人？你也好意思说自己是文明人？

鲁班词穷了，说：这事干不干关键得听楚王的。

于是墨子让鲁班带自己去见楚王。墨子见了楚王问：大王我问您个事。有个人开着限量版劳斯莱斯，却总想抢邻居的三蹦子开；穿着几十万的名牌，却想偷隔壁的破衣服穿；吃着山珍海味，却惦记着旁边的剩饭剩菜。您说这人什么情况？

楚王说：这人有病啊！

墨子说：对啊，大王您的楚国疆域辽阔，什么都有，却总惦记着宋国那块破地方，您这又是什么情况啊？

楚王也没词了，只能支支吾吾：那梯子造都造了，不用也是浪费啊，就用一下咯！

墨子说：造了也没用，不信咱们来一场模拟战！

于是墨子解下腰带模拟城池，用木片代表守城器械，像玩桌游一样，和鲁班来了场模拟城市攻防战。鲁班动用攻城战术，九次冲击都没成功，最后鲁班的攻城术用光了，而墨子的守城法还有富余，这次攻防的结果以墨子守城成功而告终。

鲁班说：还有一种方法，但我不说。

墨子说：我知道你的方法，但我也不说。

楚王说：二位大神，能照顾一下围观群众的智商和情绪吗？

墨子对楚王说：公输兄的方法无非是现在把我杀了，就没人帮宋国守城了，但是我的墨家弟子现在已经在宋国了，所以杀了我也没用。

楚王说：了解！请收下寡人的膝盖！宋国我不打了！

于是，伴随着两位大神较量的落幕，一场战争也消弭于无形。

而故事最后还有一个好玩的彩蛋。

千辛万苦帮宋国渡过危机的墨子从楚国返回路过宋国时，恰好天降大雨，墨子想去宋国的城门下避雨，结果却被守门人赶了出来。这个守门人并不知道，要不是眼前这个衣着破烂的人，这城门哪里还守得住呢？

这才是做好事不留名的最高境界吧！

两位疑似山东老乡、先秦时期智商最逆天的大神，他们之间的对决，看起来不动声色，实际上暗流汹涌。鲁班真的技不如人吗？当时已经被墨子说服的鲁班，是不是因为不想攻打宋国，所以在模拟战中没有拿出全部实力呢？两个人究竟是真较量，还是做戏给楚王看呢？这个，恐怕只有他们自己心里清楚了。

第十九篇

围魏救赵

专坑同桌的你

都说同行是冤家，因为彼此业务有重合，所以难免会有竞争。"围魏救赵"这个成语讲的就是一个学霸对学霸，战场分高下的故事。

而故事中的两位学霸，就是战国初年两位师出同门的军事天才，魏国的庞涓和齐国的孙膑。

庞涓和孙膑师出同门，一起学习兵法，坊间都说两人是鬼谷子老师的学生，但是史书上并没有明确记载，可信度不高。

因为鬼谷子老师本身就是一个神秘的存在，他的学生名单横亘整个春秋战国时期，几乎囊括先秦时期各领域的大咖牛人。从兵法大家孙膑、庞涓，到外交达人苏秦、张仪，从铁血政客商鞅、李斯，到卖假药的大忽悠徐福，全都是他的学生。这么看起来鬼谷子老师至少得活三百岁，不然怎么完成如此艰巨的教学任务？

但不管怎样，庞涓和孙膑的确是同桌的你与睡在我上铺的兄弟关系。庞涓毕业早，很快就在战国初期的第一强国魏国找到了就业机会，带着魏军东征西讨，打出了赫赫威名。不过，庞涓心里清楚，自己的能力还是不如同桌的孙膑。于是他给还在学习的孙膑写了封信，说：师弟啊，师兄我现在魏国，待遇好，工资高，五险一金有保障，不如你也来吧，我们打虎亲兄弟，职场一起拼，彼此也有个照应不是？

孙膑还是社会经验太少，就真的来了，结果一到魏国就被庞涓软禁了起来。不仅如此，庞涓还捏造罪名，在孙膑的脸上刺上代表囚犯的字，更挖去了他的膝盖骨，这种刑罚在古代叫"膑刑"，从此以后人们才称其为孙膑。

老同学一出手就是致残带毁容，有道是：谁骗了多愁善感的你，谁看了你的日记，谁把你的膝盖挖去，谁给你做的轮椅。

庞涓做的这一切，就是为了断绝孙膑出山为将的可能。却没想到，这时候坚强的师弟听说故乡齐国有使节来魏国访问，便秘密去见了一面。齐国使节看到这么个造型奇特、身残志坚的同乡也是惊呆了，不过颜值不够才华凑，几番交谈下来，使节发现这位残疾老乡还真是有才，就秘密安排把孙膑带回了齐国，安置在将军田忌府中。接下来的故事大家很熟悉，田忌和齐王赛马总输，孙膑作为一个兵法大家，利用规则钻空子，只是调换了一下马匹出场的顺序，就取得了全局的胜利。这种创造性思维引起了齐王的注意，从此孙膑进入了齐国的军事决策层。

前面我们提过，田氏代齐是靠魏国牵线搭上周天子，最后才被册封为齐侯正式挂牌上市的。但齐国作为东方大国，不可能永远臣服于魏国。韩赵魏三家分晋之后，瓜分财产时的联盟关系已经破裂，赵国和魏国大打出手，狠毒师兄庞涓这时带着魏国精锐部队一路打到了赵国的都城邯郸，赵国向齐国求救，齐王派田忌为将、孙膑为军师，坐着车跟随大部队出发去救援赵国。

按照田忌本来的意思，兄弟们兵强马壮，手里四米长的大刀都已经饥渴难耐了，那就正面对抗呗！

孙膑赶紧拦：兄台您先淡定，一团乱麻你硬扯能扯开吗？你冲到两个打作一团的人中间，除了挨揍还能干啥？咱得找到问题的关键！现在魏军重兵围困邯郸，国内估计剩不下什么人了，咱就直奔魏国都城，这叫攻其必救，不信他不回来！于是田忌采用了孙膑的计策，到魏国都城大梁附近晃了一圈，果然引得魏军回撤，结果魏军在桂陵被齐军击败。孙膑对庞涓，1：0！

而十三年后，韩国也和魏国闹翻了，魏军包围韩国的首都，韩国不得已向齐国求救，田忌和孙膑直奔魏国首都大梁，于是魏军又被迫回撤。这剧情，简直就是十三年前的翻版！

可以想象魏国此刻的心情有多么愤怒，两次都摸到敌方老家门口了，却因为齐国这孙子偷袭我方大本营，不得不紧急回撤。看到这种情况，孙膑说：咱们齐国太富足，所以他们都觉得我们不敢拼命，我们就利用这一地域歧视，用"减灶之计"，把每天军队做饭的痕迹慢慢减少，给魏军造成一种我军士兵不断逃亡的假象，引诱他们来追。

结果魏军果然上当，齐军在马陵打了一场漂亮的伏击战，十万魏军全军覆没，领军的狠毒师兄庞涓也在这场战斗中阵亡。孙膑对庞涓，2：0，绝杀！

好了，以上情节相信很多同学都很熟悉，但实际上孙膑的"围魏救赵"真的成功了吗？马陵之战中，庞涓作为战斗经验丰富的一代名将，为什么又一次中了"围魏救赵"的计谋呢？这个故事里其实有很多可以讨论的地方。

首先，关于"围魏救赵"的整个过程，并不是故事里所说的那样简单。

就连《史记》里，对"围魏救赵"的记载都不一致。《田敬仲完世家》里讨论救赵战略的是齐威王、邹忌和段干朋，并没有孙膑，目标是进攻魏国南部的襄陵，而不是大梁，为的是借赵国削弱魏国，《战国策》里也是如此记载。而到了《孙子·吴起列传》里，孙膑是在齐国做出救赵决定后，才向田忌提出了进攻大梁"围魏救赵"的计谋。

其次，除了战略目标有争议之外，战役的结果也不确定。

桂陵之战魏军虽然战败，但是实际上赵国的都城邯郸在此之前已经被攻破[1]。后来魏国更是在襄陵之战中战胜了齐军，赵国的都城仍然被魏国占据，所以围魏救赵的桂陵之战对整体战局影响有限。从这个角度来说，真正拯救赵国的应该是楚国人和秦国人。赵国被魏国围攻，向各国求救。楚国人首先做出反应，假意派兵支援赵国，目的是趁机削弱魏国和蚕食土地。正因为有楚国出兵的保证，才有赵国都城陷落却依然坚持战斗的底气[2]。

而秦国人的趁火打劫则更加致命。就在魏国和齐国在东线战场大打出手的时候，秦国趁机偷袭魏国的西部边境，攻入河西之地。

公元前352年，也就是齐魏桂陵之战的第二年，秦军攻占魏国旧都安邑；公元前351年，秦国的商鞅又带兵攻陷了魏国河西长城的要塞固阳，占据了大片领土。为了反攻西线，魏国才不得不同楚、赵、齐等国讲和，归还了赵国都城邯郸[3]。

解决了东南方的威胁，魏国集结重兵向秦国反扑，夺回安邑、少梁，一直追到河西，秦军大败。秦孝公被打得寝食不安[4]，打算发动全国人当敢死队来防

1.《史记·魏世家》。

2.《战国策·楚策一》。

3.《史记·赵世家》。

4.《战国策·齐策五》。

备魏国的进攻，后来只好派商鞅向魏国求和。公元前350年，秦国退回原有疆界，两国罢兵。

《竹书纪年》更明确记载，就在秦魏讲和的这一年，"齐筑防以为长城"。可见桂陵之战的失败对魏国的国力并无致命打击，而魏军的恐怖战斗力甚至逼得胜利者齐国筑长城防御，装起了缩头乌龟。

再次，马陵之战到底谁是魏军的主帅？

孙膑兵法是很厉害，但是"围魏救赵"这样的计策用两次也能好使吗？不是说同样的招数对圣斗士来说是没用的吗？庞涓说起来也是和孙膑师出同门，是得多智障才会一个坑里掉两回啊！

关于这一点，《史记》记载魏军的主将是庞涓，而《战国策·魏策二》却记载当时魏军的统帅是太子申，庞涓并不是一把手。相信庞涓面对老同学的同一套路，一定是有所警觉的。然而孙膑的迷惑战术搞得太到位，所以对不太擅长打仗的太子申来说，这是树立自己权威捞功劳占便宜的好机会，估计就算庞涓再反对，太子申也得带着魏军往埋伏圈里钻吧。

史书上记载庞涓兵败自杀前说的最后一句话是："遂成竖子之名！""竖子"是对人的蔑称。我们从中可以读出庞涓的不服气和不甘心，也许，他心里觉得自己的水平明明和孙膑差不多，为什么最后的胜利者却不是自己；也可能他是在感叹太子申不听劝告，才导致了今日的失败吧。

最后，完整的时间线到底是怎样的呢？

1972年在山东省临沂市银雀山汉墓出土的《孙膑兵法》竹简中，有一篇讲述孙庞斗智的记载——《擒庞涓》。其大致内容是庞涓攻打的不是邯郸，而是卫国之地茌丘，齐军和魏军同为八万，双方势均力敌，不存在魏军千里回援疲惫不堪的情况。所以齐军主帅田忌觉得正面对抗难分胜负，就采纳孙膑的建议，南攻魏国平陵，同时故意让齐国齐城、高唐二城被魏军夺取，假意示弱，然后分兵以轻车攻打魏国大梁引诱庞涓主力，最后在桂陵伏击魏军而生擒庞涓。

综合以上史料，围魏救赵的故事大概是这个样子：魏国围攻赵国都城邯郸，赵国向各个诸侯国求救。因为魏国实在太过强大，所以围魏救赵是各路诸侯削弱魏国的联合行动。楚国假意救赵，趁机占地。齐、宋、卫三国围攻魏国襄陵，齐国最初的救赵战略是段干朋提议的南攻襄陵以削弱魏国。孙膑应该是在齐、宋、卫三国联军围攻襄陵不下时，才提出进攻大梁围魏救赵的策略。

公元前354年至前353年，齐魏桂陵之战，齐军生擒庞涓，后在某个时段释放。

同时，秦魏元里之战，秦国夺取少梁、安邑和固阳等魏国河西之地。

因为秦国在西线的威胁，魏国不得不与赵国重修旧好。魏国反击秦国，秦国退还所侵占的土地，秦魏停战。

虽然魏国于桂陵之战被齐国击败，但很快魏国和韩国联军在襄陵击败齐、宋、卫三国联军。齐国和魏国都一胜一负，可以说是打成平手。襄陵之战被魏国击败后，齐国开始修筑长城防备魏、韩二国，足以说明齐国并没有占到优势。

公元前341年，齐魏马陵之战，魏军再败，庞涓自杀。

由此看来，孙膑是兵法大家，但庞涓也不是一般选手，所以看待历史不能简单粗暴地一刀切，因为历史的细节和内涵，远比我们所了解的要丰富得多。

第二十篇

胡服骑射

打不过你，我就成为你

孔子曾感慨道："微管仲，吾其被发左衽矣。"[1]意思是如果没有管仲辅佐齐桓公扛起"尊王攘夷"的大旗，华夏文明将岌岌可危，我们也都会变成野蛮人，像他们那样披散着头发穿着左衽的衣服了。发型和衣服，不仅仅是造型问题，更是代表整个文明的文化内涵。然而有人反其道而行之，"胡服骑射"这个成语说的就是一个人靠衣装马靠鞍，明星同款身上穿的故事。

故事的主人公就是赵国的一代雄主，被梁启超先生评为"黄帝以后第一伟人"的赵武灵王。

赵武灵王，嬴姓，赵氏，名雍，赵肃侯之子。公元前326年，赵武灵王继位时，正是赵国最悲催的时光。在三家分晋的乱局中，赵氏家族被削得最惨，被智氏家族带领魏韩两家组成的联军围困在晋阳城三年，要不是后来赵氏成功策动韩魏两家中途反水，背叛智氏，赵氏家族可能就此玩完了。

好不容易独立建国了，赵国的战略环境却依然恶劣。赵国疆域包括今河北

1.《论语·宪问》。《论语注疏》："衣衿向左，谓之左衽。夷狄之人，被发左衽。"

中南部、山西北部和东部、河南北部、山东西部等部分地区，横跨华北平原和漠南草原的地缘交界处，刚好处在平原与山地、农耕和游牧的地理单元分界线上。赵国西边和秦国接壤，南部与魏韩两国犬牙交错，东有齐国，东北为燕国，北方则是匈奴、林胡、楼烦、东胡等游牧民族，可以说个个都不好惹。

周边的大国排着队来揍赵国不说，北边的少数民族每天来烧杀抢掠，比上班打卡都准时，身边还有一个二流小国中山国，横亘在赵国国土中间，不但像一根木楔子一样把赵国东部、南部、北部的国土割裂，还时不时趁着赵国不注意来搞搞破坏，已经成为赵国的心腹之患。赵武灵王的爷爷赵成侯时，都城邯郸被魏国人占了两年；赵武灵王的父亲赵肃侯时，虽然屡次和秦、魏、齐等国打得不落下风，却总是拿中山国没办法。

赵肃侯去世的时候，赵国人民的老朋友魏惠王马上攒起秦、楚、齐、魏、燕五国联军，以吊唁为名准备直接把赵国给灭了[2]。虽然当时赵武灵王只有十五岁（一说是十九岁），却已经表现出天才少年的与众不同。他一方面在国内严阵以待，另一方面开展外交攻势瓦解各国联军，总算挺过危机。但是接盘后，面对着这些让人闹心不已的历史遗留问题，赵武灵王每天都表示心好累。为此，他先是着手改善赵国的外交环境，迎娶韩女为夫人，算是巩固了同韩国的盟友关系；后来又插手燕国和秦国的内政，迎立了燕昭王和秦昭王两位国君。但是赵国自身的国力提升却依然缓慢。

公元前323年，魏国、韩国、赵国、燕国和中山国结成联盟，各国国君均称王，以对抗秦、齐、楚等大国，史称"五国相王"。虽然赵国也参加了这次互相称王的活动，却深知赵国实力不足以匹配王的称号，所以依然在国内称君而不是

2.《史记·赵世家》，下同。

称王。这一时期赵国和秦、齐、魏等国的战争中也都处于下风。

俗话说久病成良医，挨揍挨得多了，自然也能总结出经验。赵武灵王发现，在和北方游牧民族打架时，总是输得特别憋屈。当时赵国和中原各国一样，部队以战车兵和步兵为主，讲究阵形严整，集体攻防，说白了就是拼攻击力比装备，谁不扛打谁先跪，这种战争模式更适用于平原地区。赵国北部山那边的胡人全是骑马的汉子威武雄壮，移动速度快，机动性强，阵形小巧，战术灵活，压根儿就不和你正面对抗，是完全不同的作战模式。

所以每次赵国军队对阵北方的胡人时，赵国的车兵和步兵排着整齐的队列缓缓前进，而胡人则骑在马上，东射你一箭，西捅你一刀。你要是停下来防御，人家也停下冲你射箭；你要是加速追击，人家骑着马一溜烟就拉开距离，然后接着射箭，就跟放风筝一样。赵军是打也打不到，追也追不上，郁闷得想吐血。

赵武灵王也郁闷地发现，这些胡人的骑兵，穿着便于行动的衣服，骑在马上来去如飞鸟一样灵活，速度像离弦之箭一样迅猛，完全就是一支拥有快速反应、快速机动和快速打击能力的部队。带着这样的部队驰骋沙场，想输都费劲。

如果是普通人，可能就放弃治疗了，但赵武灵王不愧为一代雄主，他根据赵国的实际国情，做出了一个大胆的决定：既然打不过你，那我就成为你！赵武灵王对大臣楼缓与肥义表达了改穿胡服，建立骑射部队的想法，获得了两人的支持，所以下达了在赵国推行胡服、教练骑射、实行改革的命令。

这在当时，绝对是个爆炸性的热门话题。

因为衣服对中国人来说，不仅是遮羞保暖的工具，更是我们这个民族的文化。《左传·定公十年》里说："中国有礼仪之大，故称夏；有章服之美，谓之华。"说白了就是中国之所以是中国，就是因为我们是个特别讲礼貌，衣服又特别漂亮的民族。

传统华夏的服饰是峨冠博带，宽袍大袖，上衣下裳。就是头上戴着高高的帽子，穿着宽松的衣服，拖着大大的袖子。上身是短衣、右衽，就是衣襟压向右侧，从正面看起来衣领是一个英文的"y"字形。下裳有点类似于裙子的造型，不管男女都穿这个，夏天真空光腿，这个时候内裤还没有发明，所以通风效果绝对拔群。

天冷的时候想保暖，就穿一种"胫衣"，类似于现在的裤子。但是这种"胫衣"既没有裤裆，也没有裤腰，就只有两条裤管套在小腿上，上端用带子系于腰间。说是裤子，但穿起来更像今天女孩子们穿的吊带长筒袜。也正因如此，着裳裙、胫衣的古人都必须跪坐在地上，因为盘腿坐或者坐在高处会走光。

而胡人下身穿的就是裤子，而且绝对既有裤腰又有裤裆，因为他们要骑马。穿开裆裤骑马绝对不会是让人愉悦的体验，而是摩擦摩擦似魔鬼的惩罚。胡服具体是什么样子今天已不可知。我们只能通过一些描绘匈奴或其他少数民族的石刻、画像等资料来推测，大概是穿窄袖短衣，下穿长裤，脚蹬皮靴，腰束皮带，非常干练方便。

在当时中原各国都非常看重文明礼仪，以"尊王攘夷"为主流，视周边的胡人为野蛮人的环境下，赵国竟然要放弃华夏衣裳改穿胡服，这是什么情况？不但周边国家不理解，就连赵国内部也有许多质疑和反对的声音，赵武灵王的叔叔公子成就拒绝接受变法。于是，赵武灵王亲自上门劝说叔叔：做人做事都得具体问题具体分析，咱们赵国四周强敌环绕，如果不发展骑射如何守备边境？何况旁边还有中山国如鲠在喉，屡次在齐国的支持下给我们添乱，只要能让我们赵国不再挨打，换个衣服又能怎么样？

公子成终于被说服，第二天带头穿上改良版的新款朝服，于是"胡服骑射"改革在赵国全面推广开来。赵武灵王的改革，并不只是换套衣服那么简单，实际上是先秦时期一次重要的军事改革。

胡服，相比传统衣裳最大的特点就是行动便利，没那么多累赘，虽然失去了华夏衣裳衣带飘扬的仪式感和美感，但再美打仗的时候也没用，还是动作利落、打仗方便来得更重要。

而骑射，指周边游牧部族骑在马上射箭的攻击方式，有别于中原地区传统的徒步射箭，这是战争方式和手段的改变，更带来了赵国军队组成和兵员来源的变革。

从此，骑兵作为一个独立的兵种，成了赵国军队的主力。而在古代战争中，骑兵也是比步兵高一个等级的兵种，其机动性和冲击力，以及战术的多样性，远远超过纯粹的步兵军团。赵国也通过不断向北扩张，将更多的北方胡人纳入征兵体系中，极大地壮大了自身的国力。

从此，军队中宽袖长衣的军装，逐渐改进为后来短衣窄袖的样式，从而顺应了战争方式由"步战"向"骑战"发展的趋势，赵国很快就开始了对周边各国的一路横扫。

公元前305年，就在"胡服骑射"的第二年，赵国就向东攻击中山国，大获全胜，占据了大片土地，并且经过不断攻击，在公元前296年最终灭亡了中山国，将南部的邯郸、西部的晋阳和北方的代地三块核心领土连成一体，极大地提升了国力。同时赵国调整国家的战略走势，将精力放在向北拓展上，开始大规模反击总来打卡抢劫的胡人。赵军打到今内蒙古河套东北岸的榆中地区，逼得当地的胡人被迫向赵国进贡战马。有了充足的战马和兵源，赵武灵王又带着赵国铁骑最远打到河套地区的云中[3]和九原[4]，在短短几年内将赵国的疆域扩大了三倍。可以说，经过"胡服骑射"改革的赵国，成为当时除秦国外实力最强的国家，而凭借着骑兵强大的机动力，赵武灵王又提出了一个天才般的战略构想——南下攻秦。

战国时期，秦国之所以总是吊打关东六国，除了商鞅变法后国力的强大外，地理优势也是关键。秦国坐拥关中平原，土地肥沃，地势险要，易守难攻。关东六国如果想攻击秦国，要么借道韩国本土逆推函谷关，要么借道魏国强渡黄河，所过之处不是山就是河，秦国只需要守住几个关键节点，就能保证关中本土的高枕无忧。而赵国将势力向西扩展至云中和九原后，新开辟的国土正好处在秦国关中地区的正北方，同时将当地的胡人纳入赵国的军事体系中。这新开辟出攻秦的第三条路线，完全可以绕开雄关险道，从九原南下直扑秦国关中地区，加上胡服骑射后赵国军队机动性强，更可以用闪电战的方式直取咸阳。

只可惜这个计划还没实施，赵武灵王就因为继承者内乱，被困死在沙丘宫。

从历史上看，赵武灵王的胡服骑射，无论是对军队编制、中原服饰，还是对民族融合，都产生了巨大影响。虽然现在有考古资料表明，骑兵的出现在列国早已有之，不过让骑兵爆发出如此大的能量，并且对后世影响如此巨大的，的确只有这位天才般的君主了。

---

3. 今内蒙古托克托县。

4. 今包头市。

第二十一篇

鼓盆而歌

葬礼上的咏叹调

先秦时期百家争鸣中，各家各派的思想相互碰撞，老子、孔子、墨子等大师的故事千古流传，但有一位大师的故事，却是最脍炙人口，也最具有哲学思辨和艺术美感的。

"鼓盆而歌"这个成语说的就是这位大师的亲身经历，一个关于他在妻子葬礼上高歌，被耿直朋友火力开喷的故事。

他就是先秦道家的代表人物——庄子。

庄子名周，宋国人，战国中期著名的思想家、哲学家和文学家，是战国乱世纷争中一朵颜色不一样的焰火。他一生著书十余万言，这在先秦时期绝对是个高产的作家，要知道流传千古的《论语》也才一万字多一点而已。而且庄子作为一个哲学家，能把枯燥深邃的哲学写得生动优美又个性飞扬，绝对称得上是先秦散文第一人。

庄子还是一个爱用寓言笔法的段子手，东施效颦、邯郸学步、子非鱼安知鱼之乐的故事都出自他的笔下。当然,庄子的故事里永远都离不开一个最佳损友,那就是战国时期名家的代表惠子，也叫惠施。两个人就是那种不见面还总想念，一见面就怼翻天，不把对方黑得体无完肤不罢休的关系。不过这并不影响他们之间的友情。

庄子的妻子过世了，惠施第一时间前往庄子家吊唁。从这里就能看出两人的关系和感情还是不错的，肯定算得上"通家之好"[1]。结果惠施一到庄子家，就看到这位老哥叉开双腿坐在地上，之前我们讲过古人的下半身是很凉快的，这种坐姿容易走光，是非常不端庄的姿势，妻子的葬礼上如此不庄重不说，他竟然还一边敲打着瓦盆伴奏一边唱歌。

惠施这火腾地就上来了：你什么情况，开个人演唱会吗？你媳妇我弟妹跟了你这么多年，生儿育女忙里忙外，没有功劳也有苦劳。现在人死了，你不哭两声都说不过去了，竟然还在这玩打击乐呢，你不觉得太过分了吗？

庄子否认道：不是这样的。我夫人刚去世的时候，我怎么可能不伤心？但后来我一想，她的生本来就是从无到有的偶然，她的死也不过是从有到无的必然，这就跟四季运行一样无法改变。如今她安静地回归天地之间，我这么哭哭啼啼的又是何必呢[2]？

从这个故事中可以看出，庄子和惠施是完全不同的两类人。

惠施做过魏国的相邦，虽然后来被张仪排挤而遭到解雇[3]，但怎么说都是主持过一国之政的人。他习惯于以理性和实用为标准，和庄子吵架的时候靠摆事实、讲道理，论点鲜明，逻辑严密。

---

1. 元·秦简夫《东堂老》第四折："有西邻赵国器，是这扬州奴父亲，与老夫三十载通家之好。"表示如同一家人一样。

2.《庄子·外篇·至乐》。

3.《战国策·楚策三》。

而庄子是老子哲学思想的继承者和发展者，不但不稀罕当官，连老朋友惠施当官后得意的样子，庄子都觉得不想看。

据说有一次当上大官的惠施带着煊赫的排场出门，让河边钓鱼的庄子撞见了，庄子恶心得把钓到的鱼都扔回水里[4]。他一直感性而细腻地看待宇宙苍生，甚至和惠施抬杠的时候是语带反讽嬉笑怒骂。

正因为这种不同，庄子和惠施之间留下了无数日常斗嘴的有爱画面，当然每次的结果都是庄子赢，大概是庄子在小本本上只记录自己的胜利，而惠施所写的书没有流传下来的缘故吧[5]。

比如有一次庄子和惠施在濠水的桥上游玩，看到桥下水里的鱼，结果发生了一次很有趣的争论，史称"濠梁之辩"。

庄子指着桥下说：惠啊，你看这小白鱼儿多快乐呢！

惠施又习惯性地跟他杠上了：别扯瞎，你又不是鱼，怎么知道鱼快乐？

庄子说：那你又不是我，怎知人家不晓得鱼的快乐呢！

惠施说：我不是你，所以不知道你；同理你也不是鱼，可知你不知道鱼的快乐，这不是很明显吗？

庄子说：让我们回到最开始，刚才你在桥上问我怎么知道鱼是快乐的，就是说你承认我知道，只是不知道我是怎么知道的，所以归根到底我还是知道呀！

惠施：你等会儿，我有点儿乱……

这个吵架的画风其实有点儿莫名熟悉，大家回忆下：

你无情你无耻你无理取闹！

4.《淮南子·齐俗训》。

5.《汉书·艺文志》著录《惠子》一篇，已佚。

那你就不无情不无耻不无理取闹吗？

我哪里无情无耻无理取闹？就算我再无情无耻无理取闹，难道还有你无情无耻无理取闹吗……

《庄子·秋水》里还记载过一个故事，说惠施在魏国当相邦的时候，庄子去找他玩，结果就有谣言说庄子是来抢惠施相邦之位的，弄得惠施很紧张，派官兵到处搜捕庄子。

搜了三天后，庄子自己找上门来了。他对惠施说：你知道有种鸟叫鹓雏不？不是梧桐树不落脚，不是翠竹结的果实不吃，不是甜美的泉水不喝。结果有一只鸱鹰抓到了一只腐臭的老鼠，却生怕这鸟来抢，还特意发出"吓"的怒斥声。怎么着？这几天你也打算这么"吓"我一下子呗？也就是说，在庄子看来，惠施的一国宰相之位，不过是只腐臭的老鼠罢了，谁稀罕抢？

可庄子为什么会如此超脱和潇洒呢？这还得从他的思想核心说起。

庄子的第一个思想是"齐物"，即一切事物归根到底都是相同的，没有什么差别，也没有是非、美丑、善恶、贵贱之分，用白话讲就是有钱和没钱一样，活着还是死了一样，甚至有媳妇和没媳妇恐怕也一样，所以庄子才会在自己媳妇的葬礼上鼓盆而歌吧。

庄子的第二个思想是"逍遥"，既然什么都是一样的，那我努力有何用，又有什么好纠结的？

有个关于百家争鸣的段子是这么说的，假设一个老师上课的时候课堂纪律不好，那老师会怎么做呢？

如果是儒家的孔子老师，讲究因材施教启发式教学并小班授课，你爱听什么我讲什么，你想学什么我教什么，纪律怎么会不好？

儒家的孟子老师脾气可没有孔老师那么好,讲究"君之视臣如手足,则臣视君如腹心;君之视臣如犬马,则臣视君如国人;君之视臣如土芥,则臣视君如寇仇"。就是你对我好,我也对你好,你对我不好,我对你更差,所以你们不听课拉倒,老子不伺候了!

如果是法家的韩非子老师,讲究轻罪重罚,上课敢说话直接砍手砍脚,甚至五马分尸,保证每个人的喘气声都不超过二十分贝,课堂纪律好得一塌糊涂。

如果是墨家的墨子老师,抱歉,不存在课堂纪律。因为墨家是劳动人民的学派,这时候正带着全体同学在田里插秧呢!

那如果是道家的老子老师呢?老子老师讲究"无为而治",课堂纪律不好不要紧,只要有高考这个"道"的存在,规律就是你总得高考吧,马上就高考了你还说话吗?你总得听我讲了吧?所以我什么都不用做,纪律自然会变好。

而如果是庄子老师上课的时候纪律不好呢?不好意思,也不存在的。因为庄子老师认为他教不教和你学不学都是一样的,所以庄子老师嘛……可能根本没来。

这就是先秦时期第一潇洒哥——庄子的生活状态,别看他和惠施斗嘴的故事流传了两千多年,但惠施去世后,庄子路过他的墓前,却向学生感慨,自从惠施死后,自己就再也没有可以谈话的知己了。如此深沉而忧伤的话,在整部《庄子》里都是少见的[6]。

可见,在庄子心目中,惠施是吵了一辈子却一生难得的知己。

6.《庄子·杂篇·徐无鬼》。

惠施

惠子，姓惠，名施，战国中期宋国商丘人。惠施是合纵抗秦最主要的组织人和支持者，他主张魏国、齐国和楚国联合起来对抗秦国，并建议齐、魏互尊为王。

他是名家学派的开山鼻祖和主要代表人物，也是文哲大师庄子的至交好友。惠施的著作没有流传下来，因此他的哲学思想只有通过其他人的转述而为后人所知。《汉书·艺文志》著录《惠子》一篇，已佚。

第二十二篇

纵横捭阖

先秦战略忽悠宗师

提到战国七雄争霸的乱世，好像只有能带兵、会打仗、武力值爆表的肌肉男才有市场。其实靠着语言天赋纵横列国的雄辩之士更有威力。他们以逻辑当弓，以计谋作弦，以言辞为箭，兴国破敌，搅动天下。

"纵横捭阖"这个成语说的就是先秦名嘴界最闪亮的那颗星——苏秦。

苏秦，洛阳人，以"合纵"六国对抗强秦为追求，和主张"连横"的张仪并列为战国时期最有影响力的纵横家。但是《史记》《战国策》《资治通鉴》这三本书对苏秦的事迹和时间线的记载与1973年长沙马王堆三号汉墓出土的《战国纵横家书》帛书却多有不同，甚至同一史料的记载都有出入。

于是产生了两种可能的剧情：第一种，苏秦和张仪是战国时列国间合纵连横的对手，苏秦比张仪早出道，还把张仪带上道；第二种，苏秦在张仪死后才出道，两人根本没有同台比拼的机会。之所以会发生这样的情况，是因为苏秦其实还有两个兄弟苏代和苏厉，苏家三兄弟中，苏秦和苏代的政治主张与手段都相似，因此史料里难免混淆，也就导致了我们看起来有些错乱。

以下我们还是采用主流的观点，以《史记·苏秦列传》的记载为基础。

史料中记载苏秦是鬼谷子老师旗下纵横外交专业的学生，和张仪是同门师兄弟。苏秦毕业后一时没找到对口的工作，成了毕业就失业的家里蹲。结果他回到家里，妻子照常干活，嫂子不给他做饭，连爹妈都不愿意和他说话。苏秦觉得很挫败，翻遍家中藏书，发现了一本叫《太公阴符》的书很适合自己，就关在屋子里拿出高考冲刺的劲头刻苦攻读，读困了就拿大锥子扎自己的大腿，扎得大腿血肉模糊。

"悬梁刺股"这个成语里，"刺股"的主角就是苏秦。一年后，不知道是书读明白了，还是大腿上已经扎满了伤，苏秦出关，并满怀信心地踏上了忽悠天下的演说家之路。

第一站他选择了本国的周显王作为首要攻克对象。毕竟事少钱多离家近才是找工作的终极目标。然而很不幸，周王不过是个列国争霸游戏中的看客，根本没有下场玩的资格。再加上乡里乡亲都知根知底，太了解苏秦是什么德行，所以苏秦的第一次求职以失败告终。

就近择业没成功，那要是能找个最有潜力的平台也不错。所以苏秦来到秦国，对秦惠王说：咱们秦国东有关河，西有汉中，南有巴蜀，北有代马，真是个肥沃丰饶的天府之国。秦国坐拥如此好的条件，何不直接把六国推了，称帝而兼并天下呢？

苏秦的演说很动人，但秦王不是个好听众。秦国历来就是一个实用主义者，没那么容易被忽悠，再加上刚刚弄死了变法的商鞅，对六国来的人很不感冒，所以苏秦出山的第二站又碰了钉子。

作为一个周旋在列国间的投机分子，没有纷争就没有出头的机会，苏秦一看忽悠秦国人打六国是行不通了，就转而决定忽悠六国来打秦国。于是他又东行来到赵国，可惜当时赵国执政的相邦赵成很不喜欢苏秦，所以苏秦的第三次求职还是失败了。

不放弃的苏秦辗转来到燕国，苦等了一年才见到燕国国君燕文侯。他又开门见山地说：咱们燕国东有朝鲜，西有云中，南有雁门肥沃的土地，北有红枣和板栗的收益，这个红枣配板栗，补血又益气，百姓即使不种地，吃这两样也能饱饱的，这真是个肥沃丰饶的天府之国！

为了找到工作，苏秦也只好一篇讲演稿来回用，真是欺负当时通信不发达，没有上星的卫视和直播。不过这一通排比，还真说得燕文侯有点热血沸腾。苏秦一看有效果就接着说：燕国坐拥这么好的条件，可惜国策却有问题，千里之外的秦国有什么可担心的？反倒是百里之内的赵国才是最可怕的。如果燕赵失和，赵国的军队分分钟就来砸门；要是燕赵盟好，燕国还有何可担心的？如果我们能把关东六国联合起来，咱燕国还用怕谁？

燕文侯被说服了，就拿出真金白银支持苏秦的合纵工作。

带着燕国给予的支持，苏秦第二次来到赵国，对着赵国国君赵肃侯一通忽悠。开头也是赵国东有什么、西有什么的一顿排比，然后话题一转，说赵国坐拥这么好的条件，但是国策有问题啊！天下最强无非就是秦国和赵国，而秦国强推六国无非三条路线，南出武关打楚国，东出函谷关打韩魏。如果韩魏楚都被打服了，下一个开刀的一定是赵国。到时候北线就剩下你一个，哪能挡得住？如果六国联合起来，不管秦国从哪路来，大家一起上去揍它，这样秦国就被摁在函谷关内不敢出来，赵国的霸业也就实现了。

赵肃侯也被说服，于是又给苏秦追加了投资，让他继续去说服别的国家。

已经拿到两轮投资的苏秦此时已经不可阻挡，就跟打通关一样，韩国、魏国、齐国等一家家忽悠下去，竟然说服了六国的国君，结成一个纵贯南北的反秦联盟，这个政策就叫"合纵"，本质是集合弱小之国联合对抗强国。而与之相对的外交策略叫"连横"，就是处于西方的秦国在东方六国中找个联盟，拆散南北合纵阵营，本质就是联合大国蚕食别的小国，其倡导者就是传说中苏秦的老同学张仪。

不过无论如何，合纵成功之后，王牌演说家苏秦也确实走上了人生巅峰，同时兼任了六国的国相，当然这个说法也值得商榷[1]。不过苏秦从楚国返回路过家乡洛阳时，那场面的确称得上是锣鼓喧天鞭炮齐鸣红旗招展人山人海。

周天子派出专人为他清扫道路，表示犒劳和慰问。回到家中，父母和妻子都低着头不敢看他。那个曾经不给他做饭的嫂子更是整个人趴在他面前，伺候得无微不至。

苏秦笑着问：嫂子啊，你之前那么横，现在为何这么胆小啊？

这位嫂子也是位耿直人，以头抢地说：那还不是因为小叔子你地位高又有钱啊！

苏秦听后很感慨：有钱没钱真是天壤之别，贫穷让人进步。如果我当年在故乡有点小产业，哪还有今天的成就呢？

苏秦纵横生涯的第一阶段，就是合纵六国对抗秦国。联盟成立后，逼得秦国在函谷关后猫了十五年，最后因为齐国撕毁盟约攻打赵国和燕国，六国合纵联盟宣告破裂，秦国才终于可以愉快地出来揍六国了。苏秦对齐国的拆台行为

---

1. 钱穆："史公所谓连六国纵亲，其智有过人者，以当时列国大势论之，盖非情实，亦后人以异时事附之。""即据今《史记》各《世家》《年表》所记，亦绝无六国合纵摈秦之痕迹也。"

很恼火，他决定收拾齐国。这就进入了他纵横生涯的第二阶段——死间齐国。

苏秦又回到了燕国，这个自己挖到第一桶金同时对齐国最有敌意的国家。这时候原来的燕国国君燕文侯刚死，齐国趁着其国丧的机会攻下了燕国的十座城池。新即位的燕易王正为这事儿郁闷，苏秦却自告奋勇地表示，把这事儿交给自己就好。

苏秦来到齐国见到了齐宣王，先表示恭贺，然后立刻表示哀悼，把齐王弄迷糊了，说苏先生你这刚道完喜就哭丧是什么操作啊？

苏秦说：一个人再饿也不能拿耗子药当饭，燕王娶了秦王的女儿，大王您打燕国就得罪了秦国，得罪了秦国和自杀有什么分别？齐王一听很紧张，忙问应对之策。苏秦说：只要大王把打下来的城池还给燕国，燕国一定高兴。秦国以为您是冲他的面子才还的，秦国也很高兴。大王您实际上啥也没出就得到了两个国家的友谊，这买卖多合适！

于是齐国归还了燕国的十座城，苏秦再一次忽悠成功，明明吃亏的齐王还觉得苏秦的计策非常高超。这就是忽悠人的最高境界，占你的便宜还让你感恩戴德。

苏秦为燕国立了功，却有人在燕王面前说他的坏话，说苏秦是反复无常的小人、居心叵测的坏蛋。当然，一代名嘴的辩护能力不容置疑。苏秦对燕王说：品德高的人都是为了自己，人品次的人才是为了别人。像曾参、伯夷、尾生[2]那样的道德圣人，能给大王追回侵占的城池，削弱敌国的力量吗？我所有的不诚实，还不都是为了给大王您办事吗？

燕王听了都觉得很好笑：明明是你自己不诚信，难道诚信还能有罪吗？

2.《国策·燕策一》记载："信如尾生，廉如伯夷，孝如曾参，三者天下之高行也。"

苏秦说：当然有了！一个妇女在酒里下毒想谋害自己的丈夫，结果被侍妾发现，侍妾就假装失手打碎了有毒的酒杯。可是还要因为打碎酒杯而受罚，我今天的罪和这个侍妾就是一样的！

燕王被他绕得有点怀疑人生：这么说你人品有问题还是为了我好不成吗？

苏秦表示：没错啊，这一切就是为了给大王服务啊！虽然我牙尖嘴利、忽悠人、自私，但我是个好人！

燕王：……我竟无法反驳。

苏秦三言两语就重新获得了燕王的信任，继续当他的大官。后来苏秦又把燕王的母亲忽悠到手，两个人发生了点超越友谊的关系。虽然先秦没有爆料党，可这世上没有不透风的墙，很快就传到了燕王的耳朵里，但奇怪的是，燕王毫无生气的意思，依然厚待苏秦。于是苏秦主动找到燕王说：大王，我决定去齐国当卧底。当然，为了让剧情更加逼真可信，我只好忍痛和您母亲发生了点亲密接触，现在只需要您假装对我很生气，我就可以跑路去齐国当卧底。

燕王说：原来如此，我就知道会是这样，就按苏先生说的办！

于是这个丑闻，居然在苏秦的忽悠下给圆过去了。苏秦以得罪燕王为借口来到了齐国做客卿。这时齐国的齐宣王去世，齐闵王即位。苏秦就开始忽悠齐王把丧事弄得铺张浪费，大兴土木搞面子工程消耗齐国国力，怂恿齐国掉转枪口南下进攻宋国，还挑拨齐国朝堂内斗增加齐国内耗。可能是忽悠得太成功了，齐国的朝堂内斗最后发展成暗杀，苏秦自己也被齐国大夫派来的杀手刺成重伤。

弥留之际，苏秦对齐王说：大王我快不行了，就让我再忽悠最后一回。一会儿您宣布说我其实是燕国派来的间谍，再把我五马分尸，这样刺杀我的人以为大王痛恨我，一定会跳出来找您领赏的！

民间传说，齐王不但按照苏秦的办法做了，还加了一句话：刺伤苏秦者赏一千金。结果真的有四个人承认自己就是凶手，还在齐王面前吵吵这一千金怎么分。齐王看着这四个人，大吼一声：这还算不明白，来人啊，把这四个二百五给我拖出去砍了！

这是苏秦同志人生的最后一次忽悠，不但成功抓到了刺杀自己的凶手，还顺便发明了一个流传千年的称号，那就是"二百五"。

没过多久，苏秦真的是燕国间谍的消息就传到齐王耳朵里，简直颠覆了他的三观，齐王恨不得把苏秦切得再碎一点才好，然而这一切都来不及了。而这还不是故事最后的结局。在苏秦及弟弟苏代的持续忽悠下，齐国南下灭宋的战略引发了其他诸侯国的强烈不满，结果招来了五国联军入侵，差点被打到亡国，虽然后来成功复国，但是从此一蹶不振，再也没能恢复大国的地位。

苏秦一生最成功的两次忽悠，一次阻挡了秦国的东进，一次导致了齐国的衰败。战国时期一东一西两个超级大国，全都在他忽悠的射程之内，不愧为一代忽悠宗师。

悬梁

"悬梁"的故事说的是
东汉有个人名叫孙敬，非常好学，
读起书来日夜不休息，时间久了，疲
倦得直打瞌睡。他就想出了一个特别的办
法，把头发用绳子绑在房梁上。当他读书
疲劳时打盹了，头一低，绳子就会牵住头
发，这样就会把头皮扯痛，人马上就
清醒了。

第二十三篇

千金市骨

如何做一个好猎头

21 世纪最重要的是什么？人才！

21 世纪之前最重要的就不是人才了吗？不对！

在两千多年前的春秋战国时期，就有人用实践告诉我们，人才自古以来都是市场的核心需求。

跟这一需求相关的成语叫"千金市骨"，也叫"千金买骨"，说的是一个老爷子诚聘人才，熊儿子实力拆台的故事。

这件事发生在北方的燕国。燕易王派苏秦去齐国做间谍，结果没把齐国搞垮，燕国倒是先倒霉了。

苏秦到了齐国后，忽悠着齐国调整战略扩张方向，以南下进攻宋国为主，为燕国赢得了喘息之机。燕易王去世后，燕王哙即位[1]，这任燕王是个理想主义文艺青年、上古禅让学说的终极拥护者。当时燕国的相邦子之，非常能干，燕王很信任他，而且子之和苏秦、苏代兄弟关系匪浅。

1.《史记·燕召公世家》，下同。

有一天，燕王哙问苏代：我听说齐国的总经理孟尝君田文很有能力，这回齐国能称霸了吧？

苏代回答说：够呛。因为齐王不能完全信任他的大臣啊！苏代是想通过这件事刺激一下燕王，让子之获得更大的权力。

燕王哙果然上钩说：那以后燕国的事，全都听国相的。获得好处的子之也不忘报答，给苏代送了不少钱。

过了一段时间，另一个大臣鹿毛寿站出来给燕王哙上历史课说：不如干脆把燕国禅让给子之得了。唐尧为什么在历史上有那么大的名声？就是因为他要把天下禅让给许由，结果许由当然不要。这样既有坐天下之实，又有让天下之名。大王把燕国禅让给子之，子之肯定不敢要，这样大王什么都不损失，却能和唐尧齐名，多划得来！

于是，热衷面子工程的燕王，竟然真的把王位禅让给子之。仪式感十足不说，后来更把国家重要的人事任命权也交给了子之。燕王哙这一下很开心，却惊掉了一地的下巴，他一点都没顾及自己那一群儿子的感受。

子之治国三年，燕国大乱，结果成功地引发了燕国的内战。

南边的齐国趁机出兵，攻破了燕国的都城，干掉了充满文艺气息的燕王和给啥都敢接的子之。可是齐国人并不是来主持正义的。齐军不但焚毁了燕国的宫殿宗庙，还把都城的金银财宝洗劫一空，到处烧杀抢掠，激起了燕国军民的强烈反抗，最后不得不撤回齐国。

虽然在赵国的帮助下，燕国最终复国，不过对新继位的燕昭王[2]来说，留给

2.《史记·燕召公世家》记载燕昭王是燕王哙的太子姬平，《史记·赵世家》记载燕昭王为在韩国当人质的庶子姬职。

他的却是燕国的残垣断壁和对齐国的国仇家恨。

想要复兴燕国，复仇齐国，迫切需要解决的就是人才问题。

可燕国本就位置偏远，人口稀少，国力屡弱，在战国列强争霸的格局中，长期充当打酱油的路人甲。再加上燕国身处北方苦寒之地，在那个既没有羽绒服也没有暖气的时代，对各国的精英来说实在是没啥吸引力。底子薄，机会少，待遇还不好，能管住自己的手下不跳槽就算不错了，还想吸引优质人才落户，这对燕国来说难度实在太高。

燕昭王就向自己的臣子郭隗请教成功引进优质人才的办法。郭隗就说：我给大王讲一个故事。有个国君想买千里马，派人拿着一千金去买，结果到了才发现马已经死了，去的人就花五百金把马的骨头买了回来。这个国君很生气：我要买千里马，你给我带回个标本是什么意思？负责买马的人就说：如果人们知道君上连标本都愿意高价收购，还愁没有活的千里马送上门吗？果然，后来这个国君成功地买到了好几匹千里马。

讲完了故事，郭隗继续说：如果大王您想招揽人才，不如就从我这块马骨开始吧！首先把我的工资福利待遇搞上去，大家一看连我这种人都能拿这么多钱，真正的人才一定会蜂拥来到燕国的。

燕昭王觉得这种引领示范作用很新颖，就拜郭隗为师，把他的工资待遇调得高高的，带薪休假股份分红等一整套全弄上，还修筑了一座黄金台，当作招揽天下英才的场地。

燕昭王的猎头工作开展得非常成功，各国的人才听说燕国的福利待遇这么好，纷纷跳槽而来。实施复兴燕国、复仇齐国的战略目标也终于有了坚实的人才基础。而在这场大规模的人才引入工程中，有一个人成为燕昭王真正的千里马。

这个人就是乐毅。

也许还有人对他不很熟悉，但几百年后有一个乐毅的真爱粉大家一定都知道，那就是诸葛亮。史书上记载诸葛亮在出道之前，多次把管仲和乐毅当成自己奋斗的目标和理想的模板[3]。能让卧龙先生如此崇拜的人，当然不是一般人。乐毅是名将之后，文武双全，他辅佐燕昭王在燕国实行改革，恢复了燕国的国力，但是想要单挑南边强大的邻居齐国还远远不够。

所以乐毅和苏代一内一外相互配合，苏代在内挑拨齐国和周边国家的关系，让齐国拼命得罪人，而乐毅则不断拉拢这些被齐国得罪的国家，组成了一个共同反对齐国的统一战线。齐国联合魏国、楚国瓜分宋国后，势力达到了顶峰，不过也引起了秦、赵、楚等强国的忌惮，加上连年征战，齐国的国力遭到严重的透支和削弱。

公元前284年，燕、赵、秦、魏、韩组成五国联军，在乐毅的带领下攻入齐国。阵容空前强大的联军在济水之西大败齐军主力，乐毅将秦、韩两国军队遣返后，让赵军和魏军分兵攻略齐国境内，乐毅则单独率领燕国军队直扑齐国首都临淄。

当年齐军洗劫燕国都城的大仇，一定要燕国人亲手来报！乐毅集中力量攻击临淄，齐闵王出逃后被楚国人杀死。复仇欲望高涨的燕军攻破临淄后，把齐国的珍宝财物及宗庙祭祀的器物全都搬回了燕国，可以说是报仇雪恨了。拿下齐国都城后，乐毅又乘胜追击，一口气攻下齐国城邑七十多座，都划为郡县归属燕国，只有莒和即墨两座城还在坚守，这一守，就守了三年。

公元前279年，燕昭王死去，太子即位，史称燕惠王。新继位的燕惠王可没有他老爹那么丰富的猎头经验，不懂得"用人不疑，疑人不用"的道理。齐

3.《三国志·诸葛亮传》。

国的田单得到这个信息后就使出了反间计，说乐毅那么快打下七十多座城池，但莒和即墨两座城打了三年都没打下来，分明是没使全力，图谋不轨。燕惠王一听直接就撤换了乐毅的前线总指挥职位，让他回总公司述职。乐毅一想这次回去肯定没好果子吃，就直接逃到了赵国。

结果新换的前线总指挥骑劫在田单"火牛阵"的偷袭下一败涂地，兵败如山倒的燕国军队很快就被赶回了国内。这时候燕惠王既后悔换掉了乐毅，又害怕乐毅会带着赵国军队来找燕国的麻烦，就给乐毅写了封信想让他官复原职。乐毅则写了封回信，通过隐喻的手法，昭示昭王之贤明，衬托惠王之失察，为自己进行了申辩和表白，也让燕惠王知道人才不是你想买，想买就能买的[4]。

那么为什么最后两座城市打了三年还没打下来？

乐毅是真的留了一手吗？

答案还真是。

当然这不是因为乐毅有什么不忠的想法，而是不得已。

首先，仅靠燕国的实力是镇不住齐国的。

要知道齐国之所以被五国群殴，完全是自己花样作死乱开地图炮造成的。之前齐国北破燕国，把燕国洗劫一空，西破赵国和魏国，南边打得楚国割地赔款，甚至联合六国把秦国都削了一顿，可以说是把远亲近邻四面八方都惹了个遍。这时候的齐国完全就是一个欠揍的熊孩子，不打它都不足以平民愤，所以才引来了列国的围殴。

其次，占领齐国比打败齐国难度更大。

因为燕国是小国，齐国是大国，燕国想吞并整个齐国，完全是小蛇吞大象

4.《报燕惠王书》。

的战略冒险。如果彻底灭亡齐国，又会引来各国的警惕和干涉，还会激起齐国人拼死反抗，所以乐毅只能期望用时间来消除齐国人的抵抗心理，然后不断拉拢齐国的各阶层，试图逐渐把齐国的土地慢慢变成燕国控制下的郡县[5]。

可惜这个战略，新即位的燕惠王不懂，才有了后面的剧情反转。

燕昭王虽然靠着高超的挖人技巧和猎头天赋，引入人才，成功打败了齐国，但并没有从根本上改变燕国弱小的局面。而齐国虽然成功复国，但国力从此一落千丈，再也没有恢复曾经的辉煌，从此退出了统一天下的竞争。

这场五国攻齐大战最终的胜利者和得利者，还是远在西边的秦国。

5.《史记·乐毅列传》。

第二十四篇

完璧归赵

国家宝藏争夺战

在国与国的对外交往中，有一句至理名言，叫"弱国无外交"，这句话同样适用于列国争雄的战国时期。"完璧归赵"说的是一个国家宝藏争夺战背后的故事。

这块璧就是和氏璧。

和氏璧本属楚国，当初一个叫卞和的人发现了一块玉的原石，就捧着献给楚厉王。厉王找鉴宝专家一鉴定，说这就是块破石头，结果卞和被认为欺君而被砍掉了左脚。后来厉王死了楚武王即位，卞和瘸着一条腿又来献宝，可是楚王是换人了，但鉴宝专家估计还是老面孔，又说这是块石头，于是可怜的卞和连右脚也没了。

等到楚武王死了，文王上台。这次卞和没去献宝，因为他没了双脚，两只手还得捧着玉石，也没法去了，所以就在荆山下痛哭了三天三夜。楚文王听说后就派人问他，没脚的人那么多，哪个也没有你哭得这么惨的，你这是因为啥呀？

卞和说：我不是哭自己，我哭的是宝玉被称为石头，诚实的人被称为骗子，这才是真正让人悲伤的事情。楚文王让工匠把那块原石加工出来，果然得到宝玉，就把这块稀世珍宝命名为"和氏之璧"[1]，于是它成了春秋战国时期各国公认的001号国家宝藏。

公元前283年，和氏璧不知怎么就从楚国流出来辗转落到了赵惠文王的手里。史料中明确记载的一件楚国玉璧失窃案就是张仪在楚国令尹昭阳家混饭时，昭阳家里丢了块玉璧，因为张仪当时身无分文一穷二白，结果被怀疑偷了东西而遭到一顿毒打，这也成为后来张仪矢志不渝坑楚国的原因。

不过这玉璧是否就是和氏璧我们不得而知，总之是赵王还没稀罕够呢，却突然接到了野蛮邻居秦昭襄王询价的微信，说要用十五座城池来交换和氏璧[2]。然而，赵国君臣却犯了难。

秦强赵弱，如何回复就成了关键。把和氏璧换给秦国不是不可以，可秦国实在不是一个有诚信的买家。十六年前秦昭襄王请楚怀王赴武关会盟谈判，结果不顾外交准则和国际礼仪，直接把楚怀王给绑票了，最后楚怀王客死秦地。连两国国君会盟这么严肃的事情秦国都能说翻脸就翻脸，如果赵国给了和氏璧，秦国耍赖不给城的可能性很高，那赵国就白白受了欺骗。可要说不给吧，也不行。因为秦国不是一个讲道理的邻居，一言不合就发飙。如果秦国开出这么高的价码你都拒绝，分明是不把秦国放在眼里，到时候秦国派兵打过来可不是好玩的。

所以究竟该怎么答复，派谁去答复，赵国君臣表示很头痛。就在众人一筹莫展时，赵王的宦官令缪贤说：大王，我推荐一位国宝守护人吧，就是我的家臣蔺相如。

1.《韩非子·和氏》。
2.《史记·廉颇蔺相如列传》，下同。

那推荐理由是什么呢？

缪贤说：有一次我犯了法怕大王处置我，所以想逃亡到燕国去。这时候蔺相如就问我为什么要逃到燕国。我说有次我陪着大王同燕王会盟时，燕王拉着我的手表示愿意和我交个朋友。结果蔺相如分析说：那是因为赵强燕弱，燕王是为了讨好赵国才和你交朋友，现在你得罪了赵国跑到燕国去，对方肯定立马把你绑回来，不如你向大王坦陈自己的罪行，求得大王的原谅。我按照他说的做了，果然平安无事，所以我觉得蔺相如这个人有智慧，有勇气，应该是守护和氏璧的最佳人选。

于是赵王召见了蔺相如，问：秦王说用十五座城换和氏璧，换还是不换呢？

蔺相如回禀：弱国无外交。秦国要，赵国不能不给。

赵王问：那万一秦国不给城怎么办？

蔺相如回答：不给和氏璧，是赵国理亏；给了之后秦国不给城，是秦国理亏。以现在的形势来看，咱必须得占住理，宁可让秦国承担理亏的责任。

赵王又问：那这么高难度的工作派谁去合适？

蔺相如自告奋勇地表示愿意完成这个任务。

赵王很感动，于是派蔺相如带着和氏璧入秦。蔺相如在秦国的朝堂上见到秦昭襄王，奉上和氏璧。秦王很高兴地说：哎呀，这可是个宝贝哩。来，各位爱妃各位爱卿，都来开开眼啊！

和氏璧在秦国嫔妃和君臣手中传来传去，气氛非常热烈，不过却把赵国使臣给晾到一边，好像拿到和氏璧这事就算完了，什么给不给城的完全都不存在一样。国宝守护人蔺相如上前打破了尴尬，说：大王，和氏璧虽好，但是也有美中不足，有个瑕疵，不信我指给你看。

　　秦王一愣说：是吗，在哪儿呢？蔺相如顺势把和氏璧拿回手里，一步步后退到柱子边，战斗力瞬间爆表，头发竖起来把帽子都顶掉了。他怒斥秦王说：秦国一向蛮横还不讲理，本来赵国不想换，但我觉得普通人说话都得算数，何况是大国的君主，哪能如此不靠谱？总不能因为一块小小的玉璧就惹得秦国不高兴。所以赵王用隆重的礼仪，派出正式的使团，让我们带着诚意、带着善意、带着希望万分隆重地来了，结果大王你却如此没谱。今天你把我逼急了，我的脑袋和这块玉就一起碎你这儿了，你信不？

　　秦王赶紧说：别激动别激动，寡人是一高兴光顾着拆包装，忘了点确认收货了，我这就付款啊！

　　蔺相如说：那不行，我们来之前那么隆重，又是祭祀又是沐浴更衣的，大王也得用对等的礼仪！

　　秦王一看强夺不来，只好答应搞个隆重的迎接仪式，五天后再正式交接。结果五天后蔺相如又说：你们秦国多少年了都毫无诚信可言，我已经派人把和氏璧偷送回赵国了。大王你要是想要，就先把城给赵国，赵国再给你和氏璧，我们不支持货到付款！反正和氏璧已经回去了，你这会儿就是炖了我也没用！

　　秦国朝臣看着蔺相如也是无语了，有人说弄死他消消气得了。秦昭襄王却不同意，杀了他也没用，想那赵国也不会为一块小小的玉璧得罪咱秦国。得了，让他回去吧！蔺相如就这样毫发无损地回到了赵国，成为赵国重臣。后来秦国既没有提前支付货款，赵国自然也就没有发货的道理。

　　不过这个故事还是有些问题，面对秦国交换和氏璧的要求，赵国的基本立场是不想吃亏也不敢惹事，蔺相如却一再地威胁和戏弄秦王，送来了玉让人看一眼然后又偷运回去，这难道不成了赵国更理亏吗？

故事还有后续。

公元前 279 年，秦赵在渑池会盟。这里虽是韩国的土地，却距离秦国边境非常近，赵王有点害怕，不想去。蔺相如说不行，不去的话显得赵国太示弱了，必须得去。于是赵王带着蔺相如去会盟，将军廉颇带着部队在后方接应。由于秦国有绑票他国国君的恶劣先例，廉颇和赵王约定说，如果三十天大王还不回来，就让太子即位。

结果到了渑池之会上，秦王这回倒没有动粗的意思。双方相谈甚欢，酒宴上秦王突然说：听说赵王很有艺术天赋，何不小秀一段？

赵王就弹奏了一段，结果秦国的史官马上说：某年某月某日，秦王与赵王一起会盟喝酒，秦王命赵王鼓瑟！说得好像赵王是秦王手下的乐工一样。

蔺相如一看这哑巴亏吃的，赶紧上前说：听说秦王你擅长打击乐，不如也来一段啊！

秦王表示拒绝，蔺相如又走上前说：大王你来不来？你不来我这一腔热血溅你一身你信不？

秦王心想你怎么还是这老一套呀，只好象征性地敲了几下，蔺相如让赵国史官赶紧记上：某年某月某日，秦王为赵王击缶。这才算是扳回了点儿面子。

秦国大臣起哄，请赵王献十五座城池为秦王祝贺。这是还记着和氏璧的梁子没忘呢。蔺相如也马上回答：可以，那也请秦王献上首都咸阳为赵王祝贺！反正都是过下嘴瘾，可劲喷，谁怕谁啊！由于蔺相如的强硬姿态，再加上赵国已有防备，所以渑池之会也算是顺利结束圆满闭幕。

那问题就来了，为什么赵国明明不想惹事，蔺相如还一再地挑动秦王的神经呢？我们就需要对历史的细节再体会一番了。

首先，秦王真的想要和氏璧吗？

答案是否定的。秦自商鞅变法以来，以农耕和战斗为立国之本，以法家思想为治国理念，最重视的是土地人口，从来不以珍宝财货为念。对秦王来说，别说和氏璧是赵国的国宝，就算是外星人留下的，也不值得用十五座城池去交换。何况《史记》原文里蔺相如和秦王都说过一个词——"一璧之故"，那语气就是"不过是块玉嘛"，说明双方都知道，和氏璧只是个借口。

那么，这个借口为什么会存在呢？是试探。是秦国对赵国的试探，也是赵国对秦国的反试探。我们必须把整件事放到当时的历史大背景中考量。

公元前316年，秦吞并巴蜀，占据了攻打楚国的上游基地。之后不断攻击楚国的西部边境，基本完成了对楚国的战略包围。公元前284年，秦、赵、魏、韩、燕五国联军把东方强国齐国揍成了残废。完璧归赵的故事发生在赵惠文王十六年，即公元前283年，就在齐国崩溃的第二年。

此前秦国的战略重心一直放在楚国身上，秦赵当时算是短暂的合伙人关系。而这时东方的齐国垮掉，南方的楚国持续失血，中间的韩魏从来都是送人头的，至于北方的燕国你要不是特意提醒都想不起它来。

现在关东六国中最强的就是赵国，这时的秦国需要确定赵国对秦国的态度和未来的战略走向，所以才借口换和氏璧来试探赵国的态度，还故意开出高到离谱的价码。若赵国一口答应，说明这是个怕事儿的，秦国不但白得一块玉，也可以放心大胆地继续攻击楚国；如果赵国直接拒绝，那表明赵国已经准备和秦国撕破脸，那就得重新调整全局的部署了。

所以，赵国到底应该怎么应对呢？必须在一口答应和直接拒绝之间找到一个平衡点。而蔺相如的做法就是三个字：不示弱。赵国必须表现出既不怕骗局，也不惧开战的态度。你让我来，我来了，但我来了不是你说咋换就咋换，得按我说的来，这样既不认尿也不理亏。当然，你要是不讲理，那咱就彻底撕破脸。

秦王当然不会真的撕破脸，因为他已经达到了试探赵国态度的目的。摆在秦国面前的是两个选择，一是继续南下蚕食楚国；二是北上与赵国决战，把阻挡秦国东进的最后一个障碍除掉。当时楚弱赵强，柿子当然要拣软的捏，不过捏软柿子之前，也得让硬石头明白该怎么做人。

所以就在蔺相如完璧归赵后，秦国连续三年攻赵，夺取了多座城池，这是在敲打赵国，好让秦国安心布置对楚国的进攻。有趣的是，秦国东向攻击赵国，赵国却也向东不停地攻击魏国和齐国 [3]。因为对赵国而言，秦国是硬石头，魏齐也是软柿子。

公元前 279 年的渑池之会同样是试探。

当时秦国正在筹备对楚国的决战，根本不可能再同赵国大打出手。所以秦王在会上只是想占占口头上的便宜，根本就不会和赵国翻脸。秦国通过渑池之会稳住赵国后，立即派白起进攻楚国，并最终在公元前278年攻陷楚国国都郢，将楚文明的发源地汉江流域纳入了秦国的版图。也就在这一年，楚国伟大的诗人屈原自沉于汨罗江，以身殉国。

当时秦赵两国作为整个七雄争霸格局中的第一和第二把交椅，都在彼此试探和博弈，企图稳住对方，壮大自己。而蔺相如也正是看穿了这一点，所以虽然数次顶撞秦王，却从来没有触及最终的底线，这已经是相对弱小的国家能做到的最好外交政策了。

3.《史记·赵世家》。

传国玉玺

公元前 228 年，秦王嬴政十九年，秦破赵，得和氏璧。统一天下后，嬴政称始皇帝，命李斯题写了"受命于天，既寿永昌"八个鸟虫篆字，由玉工孙寿刻在璧的正面上。这一玉玺，是中国历代正统皇帝的信物。

之后传国玉玺经历两汉、魏晋、隋唐千年传递，唐末天下大乱，据一些史书载，传国玉玺于后唐时就此失踪。

第二十五篇

睚眦必报

千万别惹天蝎座

报复心太强是一种怎样的体验？

俗语说："以眼还眼，以牙还牙。"就是别人瞪你一眼，你就瞪回去；别人咬你一口，你也再咬回去。如此简单粗暴。但孔子不是教育我们要"以德报怨"，就是别人欺负了你，你要用美好的品德和亲切的态度去感化他，去改造他，去带着他一起走向崇高的境界吗？

抱歉，不存在的。因为孔夫子老人家的原话是"何以报德？以直报怨，以德报德"。如果你用善意来报答恶行，那你又能拿什么来报答德行？就应该用正直来对待恶行，用善意来报答德行。好人好事受优待，恶人坏事遭惩罚，这才是孔子的原意。

"睚眦必报"这个成语说的就是一个职场小白惨遭陷害后黑化复仇的故事。

据说十二星座中最爱记仇的是天蝎座。虽然不清楚这种说法到底有什么科学依据或调查数据，不过如果按照星座书中对记仇的属性和报复的程度进行推测，本篇故事的主人公可能真的是一个天蝎座。这个爱记仇又耿直的"腹黑男"

就是范雎。

范雎，魏国人[1]，学得了一身游说纵横的本领，最开始他辗转列国想要获得工作机会，但很不幸都失败了，只好返回魏国。范雎想到魏王手下当官，却苦于囊中羞涩找不到门路，只好选择在一个叫须贾的官员手下当门客，边养活自己边等待机会。

有一次须贾带队出使齐国，范雎作为助手也跟着一起去。这趟外交之行并没有取得什么实质性的成果，不过范雎的口才和能力却引起了齐襄王的关注。齐王动了挖墙脚的心思，就让人给范雎送来了一笔巨款和好吃好喝的，想表达一下拉拢的意思。

这可是职场中的大忌讳。对使团的一把手须贾毫无表示，却越级给助手大张旗鼓地送礼，齐王的猎头功夫显然还不到家。范雎一看也尴尬了，所以坚决推辞。须贾很生气，认为此次出使齐国之所以毫无成果，一定是因为范雎做了二五仔[2]，把魏国的关键信息都出卖给了齐国，不然齐王凭什么给一个小小的门客兼助手送礼？所以须贾就说：钱是不好收的，但这吃喝的你就留下吧！于是范雎照办了。

只能说这时候的范雎还是个经验不足的职场小白，这种事要么你就别请示全数退回，你要请示了那就直接上缴。让你收下，你还真全收自己名下了？一根毛都没捞到的须贾恼羞成怒，回到魏国后立即把这件事告诉了魏国的相邦魏齐。魏齐一听这还了得，马上把范雎抓来，让人拿着木板和荆条往死里打，打

1.《史记·范雎蔡泽列传》，下同。

2. 明朝冯梦龙《东周列国志》中提出，东周春秋时期，晋国人称呼梁五和东关五为"二五耦"（两个名叫五的狼狈为奸），二人为骊姬谋害太子申生，因此"二五"就成为奸佞、背叛者的简称。

得范雎肋骨也折了，牙齿也断了，范雎只好装死。

魏齐还不解恨，叫人拿席子把范雎一卷丢到厕所里，让来家里参加宴会的宾客往他身上撒尿，不但在肉体上摧残，更要在人格上侮辱。换作一般人不被打死也被气死了，可范雎没有，他就躺在那儿一动不动地装死。因为这时候他的心里只有一个念头，那就是我不能死，我一定要活下去，我要报仇！

趁没人的时候范雎跟看厕所的人说：你救救我吧，我以后一定会报答你的。看厕所的人觉得他太可怜了，就跟魏齐说：厕所里的那个人死了，这又是血又是尿的太脏了，还是赶紧扔了吧。当时魏齐喝得有点高，就随口说好吧好吧。范雎这才逃了出来，改名叫张禄，躲在一个叫郑安平的人家中。

公元前271年，秦昭襄王派使臣王稽出访魏国。郑安平觉得这是个帮助范雎逃出魏国的好机会，就假扮侍者接近王稽，并且向王稽推荐了已经改名叫张禄的范雎。王稽一听很有兴趣，就接见了范雎，结果发现他果然是个人才，就带着范雎回到了秦国。

当时秦国的秦昭襄王在位已经三十六年了，南破楚国，东征齐赵，打得韩魏叫苦不迭，可以说是武功赫赫。不过国内说了算的却是他老娘宣太后，也就是孙俪演的那个芈月。除了芈月老太太，秦国主政的其次是太后异父同母的弟弟、秦昭襄王的舅舅，也是秦国的国相，被封为穰侯的魏冉，最后才是秦昭襄王本人。另外，秦昭襄王的另一个舅舅华阳君，以及他的同胞弟弟泾阳君、高陵君，在国内都是说一不二的硬角色。

当时穰侯魏冉要跨过韩魏的领土出兵攻打齐国，范雎觉得这是个好机会，就给秦昭襄王写了封长信，说明攻打齐国的不妥之处。秦昭襄王觉得很有道理，就在宫中召见范雎。进宫的时候，范雎明知道秦昭襄王已经到了，还直愣愣地往里闯，给他领路的侍者说：往哪儿走呢？大王都到了！范雎故意大喊道：秦国哪有什么大王？只有太后和穰侯而已！

这句话戳破了秦国的朝政局面，也触动了秦昭襄王的神经，他跪坐着向范雎请教。范雎就说：大王，咱秦国地理位置那么棒，军队实力又强，怎么十多年还是窝在函谷关里打不出去？那是因为相邦魏冉私心太重，大王您也有失策的地方啊！

引得秦昭襄王着急地问：请先生仔细说说，哪里做得不对啊？

范雎就说：相邦倒是兔子不吃窝边草，放着身边的韩国和魏国不管，不远万里下跳棋似的去攻击齐国。结果就是去的兵少了打不下来，去的兵多了劳民伤财。就算打下来也是为了扩大相邦在东方的私人封地而已，这场战争无论输赢对秦国来说都没什么好处。不如先和远方不挨着我们的国家搞好关系，然后从身边的韩魏下手，打下一寸的土地，秦国就得了一寸，打下一尺的土地，秦国就得了一尺。只要把魏国和韩国收服，其他国家自然不在话下。

秦昭襄王听完之后非常认同：寡人早就想搞定魏国和韩国了，却一直找不到办法。

范雎说：好办，先说好话送重礼来拉拢，不行就割让土地来收买，再不行就直接出兵打到服。

明显秦国能动手一般不想费口舌，所以决定跳过送礼割地直接进入派兵打到服的第三阶段。秦昭襄王任命范雎为客卿，相当于外聘的高级顾问。在范雎的谋划下，秦国调整对外战略，交好齐国这种遥遥相望的国家，让他们在秦国欺负自己邻居的时候保持中立，然后不断进攻隔壁的韩国和魏国，夺取了大片土地。

这个战略，就是贯穿整个战国后期的秦国国策——"远交近攻"。

秦国的攻势越来越猛烈，范雎在秦国的地位也越来越高，终于可以挑战一下芈月老太太和穰侯魏冉这对巨无霸组合了。

公元前266年，范雎对秦昭襄王说：微臣在关东六国，只听说齐国有孟尝君田文而不知道有齐王，只听说秦国有穰侯、华阳君、泾阳君和高陵君这"四贵"而没听说过大王。权臣在侧实在太危险，而且大王您在位这么多年，还啥事都听老妈和舅舅的，这怎么行呢？您得加强权威，自己说了算。

于是秦昭襄王剥夺了亲妈和舅舅的权力，把穰侯、高陵君、华阳君和泾阳君驱逐出国都，任命范雎为相邦。范雎终于成为秦国朝堂上最重要的那个人，当然所有人都以为他是张禄。

刚巧魏国派须贾出使秦国，范雎就故意穿得很破烂去见他。须贾一看到范雎很惊讶地说，原来你还活着！怎么穷困成这个样子啊？怪可怜的，这有件旧衣服你先拿去穿吧！然后须贾向范雎打听能不能想办法求见秦国相邦张禄。范雎就亲自驾车带着须贾进入相邦府，这个时候须贾才发现秦国的相邦张禄就是当年的范雎，吓得话都说不利落了，赶紧脱掉上衣光着膀子跪下求饶。范雎高高在上地说：你知道自己的罪行有多少吗？

须贾说：太多了，拔下我的头发来都数不清！

范雎表示，按照星座书上对大天蝎的描写，你本来应该第一个领盒饭的，但看在你今天送我衣服的情分上，我不杀你，还请你吃饭！

于是范雎在遣送须贾回魏国的"欢送宴"上，当着所有诸侯国使节的面，给须贾准备了一大盆喂马的草料，还让两个受过墨刑的人连塞带填地都给他喂了下去。看须贾吃完了，范雎说：回去告诉魏国，赶紧把魏齐的脑袋送来，不然我就带兵打过去啦！

消息传回魏国，魏齐吓坏了，赶紧逃到了赵国的平原君赵胜身边躲避，不过最后还是秦昭襄王为范雎送上助攻。他故伎重演对待楚怀王的那一套手法，直接把平原君赵胜给绑票了，才换来了魏齐的脑袋，范雎终于大仇得报。除了报仇，范雎更要报恩，他推荐保护过自己的郑安平和王稽当了高官，还送出家里的财物，用来报答所有那些曾帮助过他的人。

《史记》里记载他"一饭之德必偿，睚眦之怨必报"：你给我一碗饭我就百倍偿还，你瞪我一眼我绝对不会放过你。和这种人交朋友，还真是让人觉得压力山大！因为你永远不知道他心中的那个小本本里有没有记着你的黑账。但不可否认的是，范雎这条复仇之路也间接地推动了历史的前进，他辗转从魏国到秦国，为秦国贡献了远交近攻的战略，客观上加快了秦统一六国的步伐。

第二十六篇

纸上谈兵

都是实习生惹的祸

天上到底会不会掉馅饼？飞来的一般是横财还是横祸？这些问题，赵国的孝成王赵丹非常有发言权。

有一个成语，就与他的一次灾难性决策失误有关，这个成语叫"纸上谈兵"。成语说的是董事长为占便宜因小失大，实习生眼高手低全盘搞砸的故事。

秦昭襄王执行范雎"远交近攻"的国策，抓着韩国和魏国的头按在地上不断摩擦。魏国起家的河东之地已经被秦国夺走，而三晋中最弱小的韩国也只剩下分隔在黄河两岸的两块狭小领土，河北岸是上党郡[1]，河南岸是都城新郑地区[2]。

公元前262年，秦军攻克野王[3]，将韩国的国土拦腰截断[4]。北部的上党地区

---

1. 今山西东南部。

2. 今河南西北部。

3. 今河南沁阳。

4. 《史记·白起王翦列传》，下同。

与韩国的本土完全割裂，韩国不得已只好向秦国割让了上党以求和[5]。

虽然韩王已经在丧权辱国的不平等条约上签了字，不过上党地区的军民可没那么容易答应。韩国上党郡的长官冯亭拒绝向秦国投降，并且决定把上党的十七座城池全部并入赵国。

幸福来得太突然，这么关键的战略要地自己送上门来，赵国真是莫名其妙中了个头彩。

不过虽然占便宜谁都喜欢，但也得分占谁的便宜。秦国可是出了名的拳头大惹不起，想占秦国的便宜，任谁都得好好掂量掂量。

赵国朝堂分成两派，平阳君赵豹认为这便宜占不得，秦国岂是好惹的？冯亭这么做完全是想让赵国引火烧身。赵孝成王显然对这个回答不满意，又找来平原君赵胜商量。赵胜则认为有便宜不占王八蛋，兴师动众都未必能打下来一座城，现在十七座城主动送上门来，这都不要，简直对不起老天爷的神助攻。赵孝成王也实在无法拒绝这个天大的馅饼，就问自己的相邦平原君赵胜：哎呀，这上党我是真想要啊。不过这地来了，估计白起那个天杀的也会跟来，咋办？

平原君赵胜说：不怕。白起虽然战绩遥遥领先，不过咱的廉颇也不赖，一对一正面交锋不好说，不过防守技能廉颇应该还是没问题[6]。赵孝成王一听有道理，于是一边派平原君前去接手上党，一边让廉颇带兵蹲守在长平防范秦国[7]。

秦国此时的内心是崩溃的：自己累得半死，一口肥肉都到嘴边了，难道就让赵国一筷子给顺走？从来都是我秦国占便宜欺负别人，今天倒是让别人给欺负了。这我要不欺负回去，怎么对得起我的野蛮人设？

5.《战国策·赵策一》。
6.《世说新语笺疏·言语第二》。
7.《史记·赵世家》。

于是第二年，秦国出兵先把办事不力的韩国暴捶了一顿，转过年来又派大将王龁攻陷了赵国刚接手的上党，上党百姓在冯亭的带领下逃入赵国，赵王派廉颇在长平接应。

眼看刚到手的便宜就没了，而且对面领军的也不是战国第一死神白起，赵孝成王估摸着还是可以再争取一下，就命令廉颇主动出击，结果几次出击都被秦军击败，丢了若干阵地，损失不小。见主动出击没有好果子吃，廉颇指挥赵军构筑防线龟缩防守，和秦军隔着防线大眼瞪小眼。赵国本想不出力气捡点便宜，没想到引来了秦国举国兵力来袭，也只好把全国的兵力压上去。长平战场虽然相对靠近赵国，但秦国凭借国内发达的农业基础和便利的水运系统，反而比主场作战的赵国后勤压力要小。不过几十万大军对峙，对双方的国力都是空前的消耗。秦国人耗不起，国力相对较弱的赵国更耗不起。现在上党这块蛋糕没捞到，还引来了虎狼一样的秦国人，赵国觉得自己这买卖做得太亏了，所以就筹划对秦议和。

关于怎么议和，赵国内部又分成了两派。大臣楼昌认为应该派一位地位足够高的重臣亲赴秦国议和，表达赵国的诚意；而另一位大臣虞信则表示反对，认为应该派人去楚国和魏国游说，合纵各国逼秦国议和。

当赵孝成王决定采纳楼昌的建议时，虞信劝谏说，秦国一定会大肆宣扬秦赵议和的新闻，楚国和魏国以为我们议和已成，就不会来救援赵国，到时候就麻烦了。赵王还是不听，结果赵国使者在秦国被秦昭襄王和范雎各种高规格接待，秦赵两国关系密切的消息果然传遍各国。其他国家以为秦赵已经达成和解，自然不会再派兵来救援赵国。这就是秦国的分化瓦解之策，让赵国在国际上更加孤立，秦国也可以心无旁骛地集中全力对付赵国。至于议和，当然是不存在的。

议和失败后，急于决战的赵孝成王几次催促廉颇出击决战，廉颇都跟没听到一样。恰逢秦国人又用反间计散播廉颇的坏话，还特意强调秦国人谁都不怕，就怕赵国名将赵奢的儿子赵括。于是赵孝成王决定走马换将，起用赵括来击退秦军。

这时候如果赵括的老爹赵奢在世，恐怕不会赞同赵孝成王的这一决定。赵奢活着的时候和儿子讨论兵法，发现赵括说得头头是道，自己都说不过他。按理说青出于蓝应该高兴，但赵奢却说，虽然我这儿子理论水平没得说，但如果把赵军交到他手里，肯定完蛋。

而赵括他娘也说过，赵奢带兵的时候很平易近人，把大王的赏赐都分给军队的弟兄，但赵括打了几场胜仗之后，就在别人面前趾高气扬，将领到的赏赐都揣进了自己的腰包，和他爹没得比！

爹妈全都不看好自己的亲儿子，甚至连赵国名臣蔺相如都说：赵括这人，只会死读他爹留下来的兵书，实习经验太少，不知道变通！然而，最终赵王还是一意孤行地任命赵括，顶替了廉颇的总指挥之位 [8]。

公元前 260 年，赵括一到长平马上替换军中将领，调整战略部署准备进攻。而另一边的秦军听说廉颇已经被换下了，也马上秘密地将第一战神白起派到了前线。

赵军一进攻，秦军就佯装撤退，将赵军引诱出来后，白起派兵截断了赵军的后路和粮道，将几十万赵军团团包围。

陷入包围圈中的赵军数次突围不成，赵国本土派来的援军也被击退。被围困的赵军最后断粮足足四十六天，已经发展到人吃人的地步。走投无路的赵括

8.《史记·廉颇蔺相如列传》，下同。

组织敢死队四面出击企图打破秦军的包围，但都没有成功。最后赵括孤注一掷，带领最后的精锐力量突围，结果被秦军的弓弩当场射杀。主将一死，赵军丧失了最后的希望，全部向秦军投降。

赵军投降后最终的结局，相信很多人都知道。白起之所以被称为战国第一战神，和他令人咋舌的战绩是分不开的。

那么死在白起手上的到底有多少人呢？

如果从公元前294年，白起担任左庶长攻打韩国算起，到公元前261年秦赵大战长平为止，史料记录白起指挥的十二次战役中仅伊阙、华阳、陉城、长平四场大型战役，就杀敌近九十万。再加上别的小规模战役，凑个一百万应该不成问题。三十三年杀了一百万人，平均每年杀三万，每天杀一百人，白起不仅仅是战国第一战神，更是古代第一杀神、宇宙第一死神。

当然，对长平之战中秦军坑杀赵军四十五万这一数字，历来争议颇多。考虑到中国古代杀良冒功的恶劣习惯，和古代文人对数字的夸张描述，这个数字应该达不到四十五万的级别，但肯定也少不了多少。

长平之战是秦统一战争中最后一场决定性战役，也催生了一个形容空有理论而缺乏实践的成语——纸上谈兵，更描绘了一个顶着父亲巨大光环却不过如此的失败星二代赵括的尿样。不过纸上谈兵和赵括的故事却不是原装原配，因为赵括谈兵的时候纸还没有发明。

另外，我们回过头来想想，这样一场具有历史转折性意义的战役成败，真的只是因为赵括这个没经验的实习生吗？

首先，是不是赵国不要上党就没后面那么多事儿了？这种思维完全是鸵鸟心态。因为上党地区的战略位置实在太重要。

上党地区是一个被高山环抱的高原盆地，"党，所也，在山上其所最高，故曰上党也"[9]。上党东面的太行山俯瞰赵国核心区域邯郸，西边的太岳山阻隔了秦国的河东地区，地势高绝，是兵家必争之地。对赵国而言，要保卫首都邯郸，必须控制太行山。如果上党地区被秦国占领，秦国就可以掌握从上党东下太行进入河北的通道，以高屋建瓴之势冲击赵国的统治中心华北平原，则赵国基本就和亡国差不多了。

而且以当时的列国情况来看，燕国紧靠列国地图边缘没啥存在感；魏国在战国初期牛过一阵子，不过早就被打得一点脾气都没了；韩国从来就是送人头的弱国；齐国被五国群殴后国力一落千丈；而从春秋开始就特横的楚国，很不幸遇到了更横的秦国，被打得连发源地都丢了。也就是说当时的关东六国，唯一能和秦国抗衡的也就剩下赵国了。所以有没有上党，秦赵之间早晚都得打，而有了上党，打赢的可能性还大一点。

其次，为什么非得换廉颇？答，因为耗不起了。赵国虽然看着领土不小，但有相当一部分处于山区甚至是牧区，农业基础相对薄弱，怎么和拥有巴蜀、关中、河东三大产粮基地的秦国拼内力？廉颇坚守不出，从战术上来说没问题，但从战略上来说，赵国守不下去了，只能主动出击赌一把。这并不是一线指挥官的选择，而是客观现实的无奈。

最后，赵括到底行不行？答，不行也得行。当时赵国的名将名单里，廉颇马上下课，李牧在北部防备匈奴，曾经带着燕国攻破齐国的乐毅虽然也在，但弃燕投赵不久，不受信任。

无论怎么看赵括都是最好的人选。父亲是打败秦国的马服君赵奢，名将之

9.《释名》。

后，这是遗传优势；之前跟着赵军打过胜仗，这是经验优势；军事组织能力也有，能在短时间内调整部署转守为攻，这是业务优势；而且作战勇猛，嘴里喊的是跟我冲，而不是给我上，要不也不会战死阵前，这是品质优势。

再次提醒大家，赵括对面的选手可是战神、杀神、死神"三神合一"的白起。打篮球输给乔丹，打网球输给费德勒能证明你水平很差吗？所以总的来说，赵括算是在有限条件下用有限的手段去完成无限的目标，这个任务就跟戴着脚镣跳舞一样艰巨。

不过赵括自身也的确有问题。以当时赵军的实力，如果主动出击有机会获胜，廉颇又何必顶着胆小怯战的骂名打死不出门呢？而战国四大名将之一的廉颇都做不到，赵括又哪来的自信能做到呢？所以，赵括对自身的实力和当时战局的评估明显都是不准确的。

公司实力不足，董事长目光短浅，实习生赵括又能力有限，这场战争，还有赢的可能吗？

白起之死

长平之战后，白起本打算乘胜灭赵。赵国派苏代用重金贿赂秦相范雎，范雎忌惮白起的军功，于是以秦兵疲惫，急待休养为由，请求允许韩、赵割地求和。白起闻知此事，从此与范雎结下仇怨，拒绝带兵出战。

结果休整之后的秦军攻打赵国失败，加之范雎乘机进谗，秦昭襄王先下令削去白起所有封号爵位，贬为士伍，后派使者赐剑命其自刎。

第二十七篇

天府之国

秦国的超级工程

提到古代的超级工程，无论是古埃及的金字塔，还是罗马人的斗兽场和引水渠，都称得上让人惊叹的建筑奇迹。而中国人更是从先秦时期开始就自带"基建狂魔"的种族天赋，造就了一个又一个奇迹。

天府之国这个成语说的就是在一个没有炸药和挖掘机的时代，如何完成国家级战略工程的故事。

一说到天府之国，人们马上就能想到盛产萌萌的国宝大熊猫和不麻不辣不吃饭的四川。

但先秦时期的古人既不觉得熊猫是国宝，也没有吃辣椒的可能，而他们心目中最早的天府之国更不是四川。《战国策·秦策》中记述了纵横家苏秦对秦惠王说的一段话："大王之国，西有巴、蜀、汉中之利，北有胡貉、代马之用，南有巫山、黔中之限，东有肴、函之固。田肥美，民殷富，战车万乘，奋击百万，沃野千里，蓄积饶多，地势形便，此所谓天府，天下之雄国也。"

秦末汉初的张良在论证汉朝定都关中时也说"关中左崤函，右陇蜀，沃野千里""此所谓金城千里，天府之国也"[1]。也就是说最早被冠以"天府之国"美誉的是关中平原，也就是现在的陕西省中部。至于当时四川所在的巴蜀地区，就连关东六国心目中野蛮落后的秦国人，都觉得这地方太野蛮落后了。

而这一切的改变，都从一次争论开始。

公元前 316 年，秦国的朝堂上有两个人在激烈辩论。

争论的双方是相邦张仪和大将司马错，争论的焦点是到底应该东进打韩国，还是南下灭蜀国。当时四川内外主要有三个国家，西边的蜀国、东边的巴国，还有一个北边的苴国。

公元前 368 年，蜀王开明九世杜尚封自己的弟弟杜葭萌为汉中侯，并置藩属苴国[2]。苴国本来是蜀国国君封给自己弟弟的，没想到后来兄弟的后人反目，蜀开明十一世时，时任苴侯竟然吃里爬外，和东边的死敌巴国勾结。所以蜀王开明十二世杜芦准备发兵攻打苴国和巴国。蜀中的内乱，给了秦国各个击破的机会。

坐落在华夏西部的秦国举目东望，其国土从北到南分别与赵、魏、韩、楚及巴蜀接壤。当时秦国经过商鞅变法后，已经拥有了单挑任何一国的信心和实力，不过选择哪个国家先下手，倒成了首先需要考虑的问题。

想进攻北线的赵、魏两国，必须东渡黄河，难度不小。

东南方向的楚国，虽然在丹阳、蓝田两次会战中被秦国打败，但国力积累仍在，结果难料。正南方向的巴蜀地区，虽然那时候还没有李白的《蜀道难》，不过交通状况肯定让人怀疑人生就是了。只有中路的韩国，出函谷关直走就到，

1.《史记·留侯世家》。
2. 国都位于今四川广元市昭化区。

兵力孱弱，国力弱小。总的来说路途近，后勤易，难度低，怎么看都是最佳选择。

所以相邦张仪支持东进攻韩。他对秦惠王说：大王，我们打败韩国后，可以直接冲到洛阳把周天子攥在手里。有了天子的旗号，加上我大秦的实力，号令诸侯一统天下就是分分钟的事。至于蜀国这个支线任务，要在地图上跑这么远的路程，面对的还是一群未开化的野蛮人。就算千辛万苦打下来，既不能扬名天下，又不能获得实利，何必要做？想出名要上网，想致富得上市，韩国和周天子就是舆论焦点和风投热门，这必须得抢！

司马错却不同意，他说：蜀国这个支线虽然远，但是我们现在师出有名，占下巴蜀之地以后，到时候要人有人，要粮有粮，相当于另开了一个分机盒，既能得到利益，又不用担心摊上骂名。而且能占据楚国上游，顺江东下打他们简直不要太方便。韩国和周天子的确是焦点和热门，但是目标太大，太明显。利益不一定能得到，但骂名肯定跑不了，到时候各国联盟起来跟我们团战，我们秦国再强也扛不住[3]。于是秦王被司马错说服了，整个秦国的战略方向就从东进转向了南下。可自古四川盆地被崇山峻岭包围，道路狭窄难行，秦国大军要如何翻越这重重高山呢？

没关系，有人修了一条可供大军通行的"金牛道"，帮秦国人解决了这个难题。

这个人竟然是蜀王开明十二世杜芦。

有关"金牛道"的名字来历，"五丁开山，石牛粪金"[4]的传说是这么说的：秦惠王打制了五头巨大的石牛要送给蜀王，说一般的牛吃的是草，挤的是奶，而我这五头石牛呢，吃的是草，拉的可是金子哦！

3.《史记·张仪列传》。
4.《本蜀论》。

221

蜀王一听：这么神奇？那我可得要！

秦王说给你没问题，就是这石牛太大运不过来啊！抱歉，你们那旮旯太偏远不包邮，真是遗憾啊！

蜀王说没问题，我可以上门自提。于是派了劳工在群山中开凿出一条迎接石牛入蜀的道路，所以这条路叫石牛道，也叫金牛道。结果这石牛运到蜀国根本拉不出金子。蜀王很生气，就派人去问秦国：你这东西货不对版，差评！我要退货！

秦国人一看收到货就意味着路已经修通了，那我们就上门售后服务一下吧！于是秦王派张仪和司马错带领大军，顺着蜀国修好的道路，一路灭亡了蜀国，然后转头又把苴国和巴国也给灭掉了。

其实有没有会拉金子的石牛，这条道也是要修的，因为蜀国要攻打苴国也需要修路。所以当苴国国君发现蜀王派劳工修路的时候就知道，路修好了蜀国的大军也就打上门了。于是苴国国君赶紧向秦国求救。而秦国君臣经过综合讨论和考量后，还是觉得抢占巴蜀地区才是最优先的选择。

占据了巴蜀地区后，秦国的国土面积瞬间扩大了一倍，不但获得了当地的资源和人口，在战略上还形成了对楚国的侧翼包围，为秦国进一步灭楚和统一六国准备了条件。秦国虽然获得了巴蜀这个粮仓，但是此时的四川还是够不上"天府之国"这个称号。

因为当时成都平原西边的岷江很任性。不下雨无法引水灌溉，一下雨就发大水，四川的农民就年复一年地在旱季没水用、雨季被水淹的悲催遭遇中来回切换，可以说相当之惨了。虽然之前的蜀国也修过一些水利工程，但还是无法从根本上解决这个让人头痛的问题。

秦国占领巴蜀地区后，开始了长达半个多世纪的移民和开发。之后巴蜀地区数次发生叛乱，虽然都被秦国成功镇压，但由于忙于和关东六国的战争，秦国难免精力分散，无暇顾及巴蜀地区。

公元前256年，秦昭襄王决定治理岷江水患，彻底解决巴蜀地区的开发难题，便派水利专家李冰入蜀，主持修建一项秦国的超级工程——都江堰。

修筑都江堰的难度很高。

第一步，在岷江和成都平原之间的玉垒山上凿出缺口把江水引过来。

这需要大量开凿石质的山体。当时也没有工业炸药和挖掘机，如果单纯靠人力来挖掘，这么大的土方量需要上万人干上几十年的时间，估计修完了都到汉朝了。而李冰带着儿子李二郎一起想出了一个天才般的主意，那就是先用火烧烤山石，烤热了之后就往上泼水，利用热胀冷缩的原理使山体自动崩裂，终于凿出一个宽二十米的狭窄缺口，起到引水东流和调节水量的作用。因其形状像瓶子，故被称为宝瓶口[5]。

第二步，在岷江江心修筑分水鱼嘴。

由于岷江水流湍急，传统的江心抛石筑堰方法屡次失败。所以李冰又大开脑洞，在许多三丈长两尺宽的竹笼里装满鹅卵石，组成分水坝的主体。材料容易获得，施工维修方便，而且层层堆积，既坚固耐用，又可以利用鹅卵石之间的缝隙减小洪水的危害，保证了分水坝的安全。将江水分为西侧的外江和东侧的内江后，内江河道窄而深，外江河道宽而浅。这样可以保证水流不足时，六成江水被分水鱼嘴拦进内江，通过宝瓶口灌溉成都平原，四成从外江流走；水量过大时，洪水漫过分水鱼嘴，六成从宽敞的外江流走，四成通过宝瓶口，这

5 《史记·河渠书》。

就是根据水量自动调节的"四六分水"机制。

第三步，在分水鱼嘴的尾部修筑飞沙堰。

因为都江堰修筑的地点，刚好是岷江由北部山谷河道进入南部冲积平原的地方，奔涌的水流从山中流出后，流速陡然降低，携带的泥沙杂质很容易在宝瓶口沉积下来，造成河床的淤积。

飞沙堰在枯水期，可以协助分水鱼嘴把江水拦到宝瓶口，而到了洪水泛滥超过分水鱼嘴的调节能力时，由于宝瓶口十分狭窄，水的流量有限，多余的洪水就会漫过飞沙堰从外江流走。又由于飞沙堰特殊的角度设计，洪水漫过时会形成力量巨大的漩涡，把在宝瓶口前淤积的泥沙直接带走，起到了利用水流自动清理淤积的作用。古人神奇的设计能力，真是让人叹服。

经过李冰父子的巧妙设计和组织修建，都江堰工程历时八年终于完工。原来不是闹旱灾就是发大水的岷江算是彻底被驯服了。闹干旱的时候，江水被引到成都平原灌溉农田；发大水的时候，洪水被直接排走了，还顺便清理了河道的淤积。

都江堰超级工程建成后，变水害为水利，形成了一个集防洪、灌溉、航运为一体的综合水利工程。一百多年后，司马迁亲自到都江堰考察，在《史记》中写下了"水旱从人，不知饥馑，时无荒年，天下谓之天府也"的溢美之词。

从此以后，四川才可以真正被称为天府之国，成为秦国统一战争的后勤基地和顺流东下灭楚的前沿阵地。

而这项超级工程最神奇的地方，就是直到今天都江堰水利工程仍然能保证年供水八十六亿立方米，完成灌溉面积千万亩，居全国之首，不得不让人再次感叹古人的逆天智慧啊！

这个故事还有一个小彩蛋，之前我们为什么一直说李冰父子呢？因为李冰的这个儿子李二郎，也是个鼎鼎大名的人物。他就是知名萌宠博主、哮天犬的主人、天界高富帅灌江口二郎显圣真君（二郎神的原型）。

二郎神不是杨戬吗？

其实，二郎神传说最早见于文字记载的时间，应始于北宋[6]。在今天都江堰旁边有二王庙，就是祭祀李二郎的二郎庙。

二郎神姓了杨，那是明代《西游记》和《封神演义》流行之后的结果。

6.《宋会要》。

二王庙

《宋会要》记载，宋仁宗嘉祐八年（1063）封永康军广济王庙郎君神为惠灵侯，并言"神即李冰次子"，表明"二郎"即次子之意。

其后，这位李二郎被清朝封为"承绩广惠显英王"。当四川巡抚上疏雍正帝给李二郎加封号时，礼部认为封儿子而不封父亲不妥当，所以雍正同时给李冰加封"敷泽兴济通佑王"，这就是灌口二郎庙由原名崇德祠改为现名二王庙的由来。

第二十八篇

奇货可居

爸爸去哪儿了

面对不利的条件，有人觉得很绝望，有人觉得有希望。这可能就是普通人和投资人的区别。

"奇货可居"这个成语说的是一个王牌经纪人捧红十八线明星，从此走上人生巅峰的故事。千古一帝秦始皇嬴政将在这个故事中首次登场。不过嬴政可能没想到，哪怕是在他死去两千多年后，熊熊燃烧的八卦之火依然支配着一代又一代的人不断地争论着这样一个问题。

谁，才是秦始皇的爹？

我们先从嬴政的一号绯闻生父吕不韦说起。吕不韦，姜姓，吕氏，名不韦，卫国濮阳[1]人，战国末期的大商人。吕不韦拥有顶级的商业嗅觉和投资眼光，在商界混得风生水起。然而吕不韦对此并不满足，因为那时候商人的社会地位非常低下，他决定进军政界搞一把跨界创业。可是商人的身份限制了他的操作空间，所以想要实现目标，最好找到一个合适的代理人。

1. 今河南省安阳市滑县。

这时候，嬴政同学的二号绯闻生父登场了。他就是秦国的一位王子，名字叫异人。

不过这位异人王子混得可有点惨。当时秦国在位的还是秦昭襄王，这位大爷属于超长待机型，总共在位五十六年，活活把自己的原太子给熬死了。

继承人问题马虎不得，他只好立了另一个儿子安国君为太子，异人则是安国君的儿子。不过异人明显不受亲爹待见，所以被派到赵国当人质，福利待遇基本没有，再加上秦赵多年兵戎相见，长平之战更是让赵国家家戴孝户户哭声，如此国仇家恨，赵国人不收拾异人就不错了，更不可能给他好脸色看。万一哪天秦赵之间再爆发大战，这个做人质的可能连小命都保不住[2]。

亲爹不疼，环境险恶，前途黯淡，朝不保夕，这位秦国王子一看就是个妥妥的垃圾股、不良资产，按理说谁都不会接盘。然而作为先秦风投界最有眼光的天使投资人，吕不韦却不这么想。他清楚越是看似不可能的条件，越蕴含着无限的可能。如此悲催的异人在吕不韦眼中，却是一只升值空间无限的潜力股，因为吕不韦要做的是一场"谋国"的大生意。

于是吕不韦找到异人，开口第一句话就是：兄台，我要让你升职加薪，当上总经理，迎娶白富美，从此走向人生巅峰！怎么样？想想是不是有点小激动？

异人看了看商人打扮的吕不韦，笑了：你还是自己先走上人生巅峰再说吧！

吕不韦意味深长地说：那得等你上了巅峰之后才能带我飞。如果你愿意让我当你的经纪人，我愿意助你成为秦国的王！

异人一想，反正自己也没啥退步的空间了，于是和吕不韦签订了经济合约，约好共同创业，并承诺如果上位成功，一定重重酬谢。

2.《史记·吕不韦列传》，下同。

走上人生巅峰之前，可以把迎娶白富美这个小目标先实现了。合约签订后开庆功会，吕不韦有个宠爱的小妾赵姬，这时候已经怀有身孕，结果异人对赵姬一见钟情，就跟吕不韦讨要。吕不韦一开始很生气，不过想到在异人身上前期投入这么多，于是把赵姬送给了异人。

后来赵姬生下一个男孩，就是嬴政，嬴姓，赵氏，名政，当然按照战国时男子称氏而不称姓的习惯，当时的人应该称呼他为赵政。吕不韦一出手就是买一赠一捆绑销售，可以说非常有心机了。

接下来，吕不韦开始了自己奇特的操作。他首先拿出五百金交给异人，让他拿着可劲儿花，好车好衣服买买买，聚会沙龙全参加，目的是为异人造势包装，塑造一个身在异国却依然风流出众的"秦国好王子"人设。

然后吕不韦又拿出五百金买了许多奇珍异宝来到秦国。当时太子安国君有二十多个儿子，异人既不是嫡子，也不是长子，更不是安国君最喜欢的儿子，可以说除非别的儿子都死了，不然怎么也轮不到他做继承人。不过安国君最宠爱的妃子华阳夫人却没有儿子，所以这继承人也就没定下来。正是这种情况，让吕不韦找到了唯一的机会。他先找到华阳夫人的姐姐和弟弟，说你们就要大难临头了！这一句话把姐弟俩给吓蒙了，说不能吧，我俩现在这小日子过得挺好的啊！

吕不韦接着对姐姐说：对，你俩现在靠着妹妹受宠过得挺好，但是万一太子当了秦王，你妹妹没有儿子，将来的王位继承人必定是别人家的娃，到时候还能容忍你们这么逍遥自在地爽下去？ 在赵国当人质的异人，人品好又没根基，如果能让你妹妹认他为儿子，这样异人必定感恩戴德，你妹妹以后就有了依靠，你们也可以继续逍遥自在爽下去啦！

姐弟俩一听觉得这是个好主意，就把吕不韦的计划告诉了华阳夫人。身边亲近人的话，自然比较容易入耳。华阳夫人也觉得是笔好买卖，就每天在安国君耳边吹枕边风说异人的好话。安国君一打听，异人在赵国还真有些名声。当然，这都是吕不韦那五百金包装出来的。

最后安国君决定立异人为自己的继承人。天才经纪人吕不韦成功地将一个不入流的十八线公子异人，推上了一线大咖的星光大道。

因为华阳夫人是楚国人，所以吕不韦很有心机地让异人穿着楚地的服饰去觐见，一下子勾起了华阳夫人的思乡之情，也迅速提升了母子的感情。华阳夫人对异人说：好孩子，我们都是楚国人啊！所以从此以后异人就直接改名叫子楚[3]。

公元前251年，超长待机的秦昭襄王去世，终年七十五岁。太子安国君守孝一年后，正式加冕才三天就去世了，真是一言不合就撒手，简直太为儿子考虑了。所以子楚在贴心老爹的助攻下即位为秦王，史称秦庄襄王。

庄襄王一上台，就任命吕不韦为相邦，封为文信侯，把河南洛阳十万户作为他的食邑，吕不韦家里光伺候他的奴仆就有万人之多。吕不韦以区区“一千金”的抄底成本价，获得了一个国家的收益，实现了盈利率最高的天使投资模式。三年之后，庄襄王去世，太子政继位，尊奉吕不韦为相邦，称他为“仲父”。仲父本指父亲的弟弟，这里指帝王对宰相重臣的一种尊称。

但这一声“仲父”可真是内涵丰富，深刻隽永，引起了后世无数的讨论：谁才是嬴政小朋友的爸爸呢？司马迁创作《史记》的时候，距离秦始皇的出生已经过去了上百年，秦国官方史书当然记载子楚是嬴政的亲爹，不过嬴政是吕

3.《战国策·秦策五》。

不韦私生子的说法就已经很普遍了。在两种说法并存的情况下，司马迁于《秦始皇本纪》里采用了子楚是亲爹的说法，而在《吕不韦列传》里采用了吕不韦是亲爹的说法。到了后来班固写《汉书》的时候，干脆直接称秦始皇为吕政，从汉代开始这个说法就被绝大多数人相信，似乎已经盖棺论定。

不过，越来越多的人对这种说法表示了怀疑，认为关于赵姬有孕后嫁给子楚的说法，很可能是有人故意篡改了历史。

那么，为什么说吕不韦不太像嬴政的老爸呢？主要有以下两个说不通的地方。

第一，动机成谜，投产比不合理。

首先，吕不韦这么做的动机究竟是什么呢？让自己的儿子继承秦国王位听起来好像很带感，不过那又如何呢？帝王之家，老子干掉儿子、儿子逼死老子都是常规操作。所谓天家无私情，没人收尸的齐桓公和活活饿死的赵武灵王都是现成的例子。而且你吕不韦还能向别人说这件事吗？说了以后，你、你儿子、你儿子他妈一个都活不了，所获得的一切都可能瞬间鸡飞蛋打，所以这个惊天秘密只能放在心里暗爽，然后死了带进坟墓。吕不韦至于这么闷骚吗？冒险收益这么低，危险系数又高，最后还搞得尽人皆知，甚至被百年后的人记在史书里，无论怎么看都不像是商业天才吕不韦的水平啊[4]！

第二，操作太难，生物老师不允许。

赵姬若是怀着孩子嫁给子楚，从生理上来说很难实现。

以古代的医疗技术，要确定怀孕，至少也得两个月。而《吕不韦列传》里记载赵姬是"至大期时，生子政"，就是足月产子。那算起来，也就是说赵姬

---

4. 王世贞《读书后》卷一《书吕不韦黄歇传后》。

至少怀孕十二个月才生下嬴政。这又不是生哪吒，超过十个月孕妇开始胎盘坏死，羊水干涸，其生育风险是正常妊娠的三到五倍，母子可能都保不住，就算生下来也有可能是傻子。不过以秦始皇长大后表现出来的综合素质和取得的丰功伟绩来看，实在不像是一个傻子能干出来的事。关键是你吕不韦冒这么大的风险，你怎么确定生下来的就一定是儿子？万一生下一个没有继承资格的女儿，不是全白玩了？

　　所以这件事，从逻辑上来讲是不通得一塌糊涂。不过我们已无法真的把这三个人从地里刨出来做个亲子鉴定。

　　所以，秦始皇的爸爸究竟去哪儿了？

第二十九篇

图穷匕见

这个杀手不太行

先秦时期盛产这样一种人，他们一言九鼎，重诺轻生，试图以一己之力逆天改命，破敌灭国，在一瞬间改变历史的走向。有的时候他们成功了，但大多数时候等待他们的都是失败。这群人就是刺客，是一群为了理念和信仰而以身犯险的杀手。

"图穷匕见"这个成语说的是一个浑身是胆身手一般的杀手，刺杀终极大反派的故事。这位刺客就是著名的荆轲，而被刺的大反派就是嬴政。

嬴政此时已经亲政，秦国统一天下的脚步也逐渐加快。

公元前230年，秦军灭亡韩国。

公元前228年，名将王翦攻占赵国都城邯郸，赵王迁被俘。

挨着赵国的燕国此时感受到了严重的威胁。以前看赵国被秦国揍，燕国总是心情很愉快，还时不时搞搞小动作拖赵国的后腿。现在挨揍的要轮到自己了，燕国才发现赵国当年的日子真是不好过。

此时燕国执掌国政的是太子丹。他少年时期也在赵国做人质，和嬴政是困境中挣扎求生的发小。后来嬴政回国成了秦王，而太子丹却被亲爹派到秦国当人质，命运还真是奇妙。

太子丹想和嬴政再续前缘，朋友一生一起走，嬴政却说那些日子不再有。惨遭打脸的太子丹怀恨在心，逃回了燕国，想要报复嬴政，却苦于燕国多年实力垫底，根本做不到[1]。太子丹向自己的老师鞠武请教报复秦国的办法，鞠武老师表示：秦国国土辽阔，兵强马壮，我们躲它都来不及，太子您干吗为了私怨而去招惹它呢？太子丹表示咽不下这口气，鞠武老师也没招，只能回去接着开脑洞。

后来有一个秦国的将领樊於期得罪秦王逃到了燕国，太子丹收留了他。

鞠武老师说这人留不得，这不是给自己找不痛快吗？我们现在应该联合齐楚，合纵抗秦。太子丹说不行不行，时间太长，我等不及，我需要速效一点的办法。于是，有人推荐了荆轲。

荆轲，喜好读书击剑，为人慷慨侠义，在江湖上很有名号。太子丹找到荆轲说，秦国兵临城下，燕国是死也打不过的。如果我们能够接近秦王，劫持他从而逼他退还占领的土地，或者干脆把他干掉，引起秦国的内乱，这样燕国就有救了。

荆轲说我这点本事恐怕无法胜任这样的任务，不过经不住太子丹的苦苦哀求，只好答应下来。

于是太子丹奉荆轲为上卿，给他配了豪宅，还每天前去问候他，香车美女金钱美食无限量供应。过了很久荆轲也没有动作，而秦军已经兵临燕国的边境。太子丹很着急，就对荆轲说：亲，这好吃好喝了这么久，不知道何时开始行动？

荆轲说：既然太子催，那我这就行动。不过要接近秦王谈何容易！总得有

1.《史记·刺客列传》，下同。

点理由。我听说秦王最想要的东西有两个，一个是燕国的督亢[2]地区，一个是从秦国叛逃到燕国的樊於期。只有集齐这两样道具，才能触发下一阶段的任务。

太子丹说：土地好说，可樊将军为了避难而投奔我，我真不忍心这么对待他啊！

于是荆轲亲自找到樊於期说：将军你全家老少都被秦王杀光了，如果想报仇，就把你的脑袋借我一用，我去帮你报仇！

樊於期听完，二话不说当场自杀。太子丹听说后驱车赶来，趴在樊於期的尸体上痛哭流涕。然后把督亢地区的地图给了荆轲，又重金求得了一把锋利的匕首，还在匕首上淬了毒药，保证见血封喉挨着就死。

除此之外，太子丹还给荆轲找了个狠人当副手求双保险。副手名叫秦舞阳，十三岁就杀过人，走在大街上都没人敢正眼看他，凶得不要不要的。

现在任务装备收集完毕，助攻的副手也配好了，可荆轲还是没有行动。他在等一个人，一个他心目中完成任务的最佳人选。至于这个人是谁，历史上众说纷纭，因为荆轲还没等到他，太子丹又来催了。他说这天都黑了，先生是不打算去吗？要不先让秦舞阳去试探试探？

荆轲怒了，说：拎着把小刀就去刺杀秦王，我不得等个靠谱的人一起吗？既然您催得这么急，那我这就出发。

于是太子丹在易水边送别荆轲，所有人都穿着白色的丧服，泪流得像送烈士一样。荆轲高歌道，"风萧萧兮易水寒，壮士一去兮不复还"，抱着必死之心奔向秦国。

秦王嬴政听说燕国献上了樊於期的人头和督亢的土地，非常高兴，在朝堂

2.今河北省涿州市东南，或指膏腴之地。

上隆重地接见了荆轲一行人。

荆轲捧着樊於期的脑袋，与秦舞阳缓缓走进了秦王的宫殿，朝堂之上的秦王高坐当中，庄严威仪，让人生畏。十三岁就敢杀人的秦舞阳这时候却掉了链子，面色惨白，冷汗直流，瑟瑟发抖的样子引起了朝堂上大臣的注意。荆轲听到后面有人议论的声音，一回头看到秦舞阳的表现就知道要露馅，所以故意轻松地笑着说：哎呀，这北边蛮夷之地来的乡下人，没见过世面，大王千万不要怪罪！荆轲的反应虽然够快，可秦王嬴政还是起了疑心：没事，那就你一个人过来好了！

秦舞阳已经指望不上了，荆轲只能自己捧着人头和地图走上前来。嬴政看到樊於期的人头很满意，那个时代还没有纸，地图是画在布上卷成一个圆筒，而那把见血封喉的匕首就藏在里面。荆轲把地图摊在桌案上一点点地展开，秦王嬴政为了看清楚也凑了过来。

这时候，杀手和目标之间的距离已经非常贴近。当地图全部展开的时候，露出了藏在里面的匕首，荆轲右手拿起匕首，左手抓住嬴政的衣服。嬴政的反应也是够快的，猛地一挣扎直接把衣服扯断了，荆轲举着匕首在后面追，嬴政抱着脑袋在前面跑，两个人围着一根铜柱子不停地绕圈。

事发太过突然，在场的人都蒙了，加上按照秦国的规定，朝堂上不允许携带武器，所以就算大家反应过来了一时之间也没办法。倒是嬴政跑着跑着才想起来自己腰上别着剑呢，干吗怕一个拿小匕首的人？

于是他边跑边拔剑，可是很悲催的是，剑太长了拔不出来。从现在兵马俑坑出土的秦王剑长度来看，有近一米长，再加上危急时刻的精神紧张，肌肉僵硬，这把救命的宝剑就是拔不出来。

紧急时刻，秦王的侍医夏无且将随身携带的药袋砸向荆轲，给嬴政争取了点时间。在大臣们的提醒下，嬴政把剑鞘推到背后，这才拔出剑砍倒了荆轲。荆轲倒下时把匕首当飞刀投了出去，可惜他并不是小李飞刀，匕首被嬴政躲开了。

身受重伤的荆轲笑道：之所以让你跑了，是因为老子想活捉你，答应了太子丹的事情，就算死我也要遵守承诺！这时殿外的武士才冲进来杀死了荆轲，在死亡线上走了一回的嬴政，更是吓得头晕目眩了好久。

荆轲刺秦，虽然在中国古代的历史上留下了浓墨重彩的一笔，但其实太子丹张罗的这件事并不靠谱。

荆轲的确胆识智慧过人，名列司马迁的《刺客列传》，但武力值很一般。史书上记载他和著名的高手盖聂、鲁勾践都曾发生过冲突，但每次荆轲都是默默走开，可以说个人战绩为零。他应该是一个善于制订计划的策划大师，而不是实际行动派，所以他才要苦等一个合适的人，一个能执行最后一击必杀的人，只不过被太子丹逼得不得不出发。

这一点在《史记》中也有侧面描写。在面见秦王时，走在前的正使荆轲捧着的是樊於期的人头，而秦舞阳捧着藏有匕首的地图，按计划动手劫持和刺杀的也应该是秦舞阳才对。只不过秦舞阳只是个窝里横，关键时刻靠不住，荆轲才只好亲自动手。所以，被千载传说的超级刺客荆轲，更像是杀手的经纪人，而不是杀手本人。

而想用荆轲刺秦来阻挡秦国统一的太子丹，其实更不靠谱。太子丹在秦国受辱而回后，拒绝了大臣的合纵抗秦之策，不想如何增强国力，反而想要靠一场暗杀解决所有问题。先不说荆轲刺杀失败，就算刺秦成功，当时秦国的整个国家战略，都是为灭六国统一天下服务的，有没有嬴政，都无法从根本上改变天下归于一统的历史进程。

秦王剑

1994 年考古人员在秦始
皇兵马俑二号坑内发现了一批青铜
剑，长度为八十六厘米的剑身上共有八
个棱面，且八个棱面的误差不足一根头发丝。
这批青铜剑结构致密，剑身光亮平滑，刃部磨
纹细腻，在黄土下沉睡了两千多年，出土时依
然光亮如新，锋利无比，震惊了全球。

第三十篇

焚书坑儒

都给朕闭嘴

近年来一些不法分子利用老人追求健康的心理而进行的诈骗案屡见不鲜，但如果你以为这种事只是现在才有，那就太天真了。"焚书坑儒"说的是先秦一个被虚假保健品残害的老年人，血腥报复假药推销员的故事。

这位落入保健品消费陷阱的暴力老年人，还是我们的老熟人——嬴政。

公元前221年，按照"远交近攻"的国策，秦国先后灭掉了韩、赵、魏、楚、燕、齐这关东六国，最后天下只剩下一个秦国[1]。

其实如果按照严格的历史分期来说，到这里先秦时期已经结束，大秦王朝将成为历史大舞台上的新主角。但嬴政作为旧时代的终结者，也是新时代的开创者，实在太过重要。我们在此最后一篇依然要聊一聊统一后的秦始皇嬴政，一个脚跨两个时代的关键性人物。

兵戈止息，天下重新统一的这一年，嬴政三十九岁。在今天，他最多算个中年大叔。不过按照先秦时古人的平均寿命来说，他已经可以算作老年人了。

1.《史记·秦始皇本纪》，下同。

那统一后的嬴政，过得如何呢？一言以蔽之：空虚寂寞冷，身板快累毁！

首先说空虚寂寞冷的问题。嬴政从孩提时滞留赵国开始，就学会在恶劣的环境里和人心做斗争。嬴政十三岁登基为王，二十二岁亲政。随后对内强化集权，流放传说中的亲爹吕不韦，干掉亲妈的情人嫪毐，杀掉威胁自己王位的弟弟，清权臣躲刺杀平叛乱，各种明争暗斗；对外加速统一，吞并韩魏，北破燕赵，两征南楚，东平强齐。可以说嬴政同学三十九年的人生，就是艰苦创业的三十九年，不停战斗的三十九年。

所以当六国终于覆灭，已经习惯了高强度战斗的嬴政同学环顾四周，却发现连一个能打的都没有，心里一定会有一种人生真是"寂寞如雪"的感觉……

几十年奋斗的目标一朝实现，巨大的心理落差也随之而来，就如同高度紧张的橡皮筋突然松弛下来一样，接下来还能干点什么呢？嬴政陷入了沉思。

首先秦王这个头衔已经配不上我的荣光了，先给自己弄个更拉风的职称。大臣们建议：上古有天皇、地皇、泰皇，这个泰皇最尊贵，不如以后陛下就叫秦泰皇！

嬴政说：你们还能再没创意一点吗？这么难听的名字也想得出来。他觉得自己"德兼三皇，功高五帝"，最后决定从"三皇五帝"里挑出两个字来，称自己为"皇帝"。同时嬴政觉得谥法这种"子议父，臣议君"的东西简直不像话：朕的伟大岂是尔等愚蠢的人类所能评价的！所以代之以数字序号，嬴政称自己为秦始皇帝，简称秦始皇。

从此"皇帝"一词就成为帝制时代最高统治者的称号，除此之外，他还出台了一系列突出皇帝地位的规定。比如"朕"这个词，本是先秦时期所有人都可以使用的自称，现在也变成了皇帝的独家专利。

当然并不仅仅是名字拉风而已，皇帝制度的最大特征就是大权独揽和至高无上。灭亡六国以后，秦在地方废除分封制，改为中央直辖的郡县制。全国的权力都集中到中央政府，集中上来的权力又通过皇帝制度集中到秦始皇手里。

有道是能力越大责任就越大，大权独揽的结果就是嬴政同学忙到飞起。《史记》中记载秦始皇专权独断，行政事务无论大事小事都亲自裁决，每天要看完一百二十斤竹简写成的奏章，折算下来每天的阅读量要超过三十万字，不看完不休息，简直就是天下第一苦命加班狂。而通过《史记》中对秦始皇长相的记载，有人分析过嬴政可能有先天性的软骨病、哮喘和支气管炎。身体素质本来就不行，再加上长期加班，嬴政的身体状况直接从亚健康状态变成了不健康。

身板快累毁，心态也跟着崩溃。

和今天很多老年人一样，面对身体上的病痛、精神上的空虚以及对死亡的恐惧，嬴政很快找到了新的人生方向和追求目标——长生不老。这么高难度的课题，必须由相应的高精尖专业人才来完成。

于是一群炼丹方士，就是先秦时期的保健品研发者兼推销员蜂拥而至，他们都号称能为秦始皇找到长生不老的仙药。大家随便翻阅史书就知道，在中国古代求长生的皇帝简直不要太多。比如号称"天可汗"的唐太宗李世民，就可能是吃了印度番僧进贡的丹药之后才去的西天[2]；坚持慢性自杀几十年如一日，结果被海瑞一顿臭骂的嘉靖皇帝[3]，在电视屏幕上各种霸道总裁范儿，但实际上为炼丹专门写过一首《烧丹》[4]诗的四爷雍正等，都是追求长生不老大军中的卓越代表。

2.《旧唐书·宪宗本纪》。

3.《治安疏》。

4.《烧丹》："铅砂和药物，松柏绕云坛。炉运阴阳火，功兼内外丹。"

而所谓的长生不老药通常是以铅汞金等有毒重金属为主要原料，再掺杂一些像青蛙卵、老鼠须这些稀奇古怪的偏方烧制出来的慢性毒药。秦始皇服用的仙丹到底有多大毒性我们不清楚，但总之吃后不会身体倍棒吃嘛嘛香。

这时候一件糟心的事出现了。公元前213年，在一宴会上，本来君臣畅饮喝得挺好的，突然，来自齐地的博士淳于越跳出来反对当时实行的"郡县制"，要求根据古制分封子弟，结果遭到了丞相李斯的驳斥。

虽然这事儿过去了，但李斯觉得不能惯着这帮人整天到处"借古讽今"说风凉话。于是秦始皇在李斯的建议下，下令焚烧秦国之外的六国史书和民间私藏的《诗》《书》等，禁止兴办私学，这就是中国文化史上的重大历史事件"焚书"。

我们今天总说焚书坑儒，好像这是一件事，其实"焚书"和"坑儒"并没有绝对的逻辑关系。

公元前212年，也就是"焚书"之后的第二年，保健品推销员方士卢生、侯生等人携带从秦始皇那儿骗来的巨资出逃。

卖假药忽悠人还潜逃，这已经够过分了，他们还私下谈论秦始皇的为人和执政，说：你看秦始皇那个蠢样子，一看就没有长生不老的命，难怪我们找不到长生不老药！自己卖假药反而把药品质量不合格的锅甩到了秦始皇的头上，可以说是相当没品了。秦始皇知道后大怒，下令在京城搜查这样的骗子，审讯之后顺藤摸瓜，抓获四百六十余人并全部活埋。

当然也有跑得快的，其中比较著名的就是徐福，这哥们带着秦始皇给的几千童男童女和大量物资出海求仙药，结果一去再也没有回来。据说是携巨资潜逃到日本定居去了[5]。这就是所谓的"坑儒"。

因此，"焚书"和"坑儒"本来就是两件事。

"焚书"更多的是为了打击旧势力，是国家层面的整体战略和方针政策。

要知道博士淳于越主张分封，表面上看是为了秦王室着想，但如果采用分封制，天下就又会回到东周列国争霸的局面，到时候被秦灭掉的六国完全可以借尸还魂复活，六国残存的贵族力量仍然可以东山再起，这会是对百年来秦国郡县政体的否定，更是对刚刚建立的统一帝国的严重冲击。

而"坑儒"则属于维护消费者权益的个人行为。

此次行动中主要"坑"的是一些忽悠秦始皇的术士，并不是针对儒家子弟的迫害。当然其中也可能有一两个儒生跟着倒了霉，所以《史记》记载这两件事说的是"焚诗书，坑术士"[6]。

但是刘向在《战国策·序》中明确地提出秦始皇"坑杀儒士"，这就改变了受害者的身份。

伪《古文尚书》中的"孔安国序"里第一次把"焚书坑儒"捏合为一个词[7]，后世也把"焚书"和"坑儒"这两件事情强行嫁接在一起，成为秦始皇乃千古暴君的罪证之一。

中国历史上，很少有像秦始皇这样的帝王，在如此短的时间内对后世产生了如此大的影响，同时背负如此多的黑锅和骂名。

到底是千古暴君，还是千古一帝，每个人心中都可以有自己的答案，因为历史，从来就是如此丰富多彩又出人意料。

5.《日本国史略》。

6.《史记·儒林列传》。

7.序中说："及秦始皇，灭先代典籍，焚书坑儒，天下学士，逃难解散。"

皇帝劳模

　　清雍正皇帝的勤政是出了名的，他每天都工作到深夜，睡眠时间不足四个小时。一年之中只有生日那天他才会休息。

　　雍正终生一共批阅了奏折四万余件，其中批阅的满文奏折六千六百余件，汉文奏折三万五千余件。仅仅在数万件奏折中他所写下的批语，就多达一千多万字。